鳥山真《まな》翔《と》

美顔ボイトレ

声を出すたびに美しくなる

祥伝社

Question

こんな悩みを抱えていませんか？

- □ ほうれい線
- □ 顔のたるみ、頬のたるみ
- □ 顔の左右差
- □ 顔がくすむ
- □ 声が通らない
- □ 声が低くなって、出しにくくなってきた
- □ 聞き返されることが多い

すべては表情筋が
解決します

＼Answer／

それが
美顔ボイトレ

美顔ボイトレは

ほうれい線が
気になる

顔色が
くすんでいる

顔が
のっぺりしている

顔がたるんでいる
（たるんできた）

顔が左右で
違う

頬がブルドッグのように
垂れている

顔が
ゆがんでいる

相手に聞き返される
ことが多い

こんな悩みを解決します

たくさん話すと
喉が痛くなる

声が
出しにくい

滑舌《かつぜつ》が悪い

声が通らない。
声がくぐもる

若い頃より声が
低くなってきて、かすれる

第一印象が暗い、
薄い

疲れているね、
と言われる

姿勢が悪い、
猫背

Chapter 0

声を出すたびに美しくなる秘密

もっとしなやかに——誰でも声で美しくなれる

「最近、声が出にくくなってきた」
「話をしていると、相手からよく聞き返される」
「若い頃はもっと高くて艶《つや》のある声が出ていた」

このような悩みを持っているなら、もしかしたらあなたは大人の変声期を迎えているのかもしれません（詳しくは本編でお話しします）。

そんなあなたは、ひょっとしたら、フェイスラインの変化やほうれい線のこと、顔のくすみなども気にかかっているのではないでしょうか。

実はこういったお悩みは、生まれつきの骨格のせいでも、単純な加齢のせいでもないのです。**長年積み重ねた、ある「癖」が原因なのです。**

それは、**顔の筋肉である「表情筋」を正しく使っていないから。**

挨拶《あいさつ》を交わすときも、うれしいときも、悲しいときも、相手に何かを伝えるときも、相手から何かを聞くときも、あなたは声を出し、言葉を発しています。

相手が誰もいなくても、独り言が漏れ出ることもあるし、好きな歌を口ずさんだり、時には熱唱することだってあるはずです。

無意識に行なっている声の出し方を意識的に変えることで、あなたの声が美しく響くようになり、しかも顔まで若返り、小顔になるとしたら——？

でも、そもそも声というのは生まれつきのもの。

仮に声色《こわいろ》を変えることができたとしても、そのことで顔まで変わるわけがない……こんな反論が聞こえてきそうですが、そんなことはありません。

もちろん、持って生まれた声質を変えることはできませんが、発声法を変えれば、声の響き方や調子は自然に変わっていきます。そして発声法が変われば顔も変わってくるのです。

なぜなら、人間は発声をする際、多かれ少なかれ顔の筋肉である「表情筋」を使っているからです。そう、**一見無関係に見えながら、「声」と「顔」は実は深く結びつき、互いに影響を与えているのです。**

日本人の場合、表情筋をよく使う人でも、表情筋全体の約20％しか使っていないといわれています。言語によって発声の仕方は違うので、当然表情筋の使い方も違いますが、たとえば**アメリカ人は表情筋全体の約60％**も使っています。

日本人は欧米人に比べ表情が乏しく、顔がのっぺりしている、とよく言われますが、欧米人がメリハリのある顔立ちをし、表情が豊かなのは、もともとの骨格だけでなく、表情筋をよく使う言語を日常的に話すことによって、無意識のうちに表情筋を鍛えているからでもあるのです。

多くの人が喉をしめつけて話している

これまでに僕は、アイドルをはじめ、テレビなどでおなじみの歌手の方や女優さん、声優さん、アナウンサーの方など1万人もの方々にボイストレーニングを行なってきました。

たくさんの人にお会いして気づいたのは、**多くの人が間違った発声法をしている**ということです。

間違った発声法とは、どういうことでしょうか？

ためしに、「大きな声を出してください」と言われたら、あなたはどんなふうに声を出そうとしますか？　息の量を増やし、大きく口を開け、声を張り上げようとしませんか？

実は、これが間違った発声法なのです。

あとで詳しくご説明しますが、発声の音量は息の量や力ではなく、響かせ方や響かせる場所で決まります。発声法とは、**響かせ方**なのです。

力むような、間違った発声法をしていると喉を痛めてしまいます。何も大きな声を出そうとする場合だけではありません。普通の会話であっても、声が出しづらくなり、話すのが面倒になって、会話がどんどん少なくなっていったとしたら……さみしすぎますよね。

間違った発声法で顔がたるむ。ゆがみ、シワ、くすみの原因に

間違った発声法だと、表情筋をあまり使いません。主に顔の下半分、顎《あご》を動かして声を出します。表情筋が使われなければ、顔の血行が悪くなり、顔のたるみやゆがみ、シワ、シミに直結していきます。

筋肉は使わなければどんどん衰えていきますから、この発声法が癖になれば、たるみやゆがみ、シミなどをさらに加速させていくことになるのです。

でも、逆にしっかり刺激を与え、日々表情筋を使っていけば、たるみやシワ、くすみも、決して年のせいと諦《あきら》める必要はないのです。

表情筋を使った発声法を身につければ、伸びやかに声を響かせ、喉に負担をかけることなく会話を楽しめます。**毎日表情筋を使って話すようにすれば、日常の会話自体が表情筋のトレーニングになり、顔の皮膚の代謝がよくなり、たるみや**

シワ、くすみやシミといった顔の悩みも改善でき、はつらつとした表情に変わります。

表情筋を使った発声法をすることで、話すほどに顔が美しくなっていく。これが鳥山真翔《とりやままなと》が提唱する鳥山式美顔ボイトレ——声も顔も若返り美しくなるというまさに魔法のメソッドなのです。

落ちこぼれが、鼻腔共鳴で一気に上位クラスへ

僕は中学生の頃から子役として芸能活動をし、さらに歌を磨くために高校を中退して歌の専門学校に進学しました。歌にはそこそこ自信があったのに、クラス分けで僕が入れられたのは、12クラス中下のほうのクラス。「僕は歌が下手なんだ」と、内心ショックを受けました。

でもそこで諦めてしまったら、夢を叶えることなど到底できません。僕はどうすればうまくなれるかと、時間を惜しんで、文字通り必死に研究しました。

歌の専門学校ですから、歌の先生は大勢います。そして、それぞれの先生の話をじっくり聞く中で、言い方は違うものの言わんとすることはみんな一緒なんだ、と気づいたのです。

先生方の話を総合的に考え、僕が導き出したのは、**顔の上半身、鼻から上で声を出すようにする発声法。いわゆる鼻腔《びくう》共鳴**というものでした（鼻腔共鳴についてはChapter 2で詳しく説明します）。

鼻腔共鳴という言葉は当時はまだ知りませんでしたが、僕はさっそく、声を鼻から上で出すよう心がけました。するとどうでしょう。**ある瞬間から自分の声が変わり、喉を痛めることもなくなったのです。**そして、レベルによって分けられたクラスも、下のほうから上のクラスへステップアップすることができたのです。

アイドルの子の顔つきがみるみるはっきりし、小顔に変わった

一方、僕は専門学校に通うかたわら、ボイストレーニング教室で働き、**主にア**

イドルの子たちを対象に声の出し方や歌い方の指導をしていました。

通常ボイストレーニングというのは、ある程度の時間をかけ、段階的に発声法を教えていくのですが、アイドルというのはとにかく時間がありません。「1カ月後にデビューすることになったので、なんとか歌えるようにしてください」と無謀な依頼も珍しくなく（というよりそういう依頼がほとんどで）、**短時間でわかりやすく正しい発声法、特に鼻腔共鳴を教えることが僕の使命**だったのです。

どうしたら手っ取り早く、しかも確実に教えられるか、と僕は来る日も来る日も真剣に考えました。

そしてある日、**鼻腔共鳴をしているときには、頬のあたりにある表情筋、口角《こうかく》挙筋《きょきん》が引き上げられてピクピクしていること、逆に鼻腔共鳴ができていないときには顎に力が入り、顎が下がっている**ことに思い当たりました。そして、口角挙筋と顎からアプローチして発声を教えることを考えついたのです（口角挙筋についてはChapter2で詳しく説明します）。

これなら理解力の高い子でなくとも、感覚的に鼻腔共鳴を実践することができます。しかも鼻腔共鳴で発声すると喉を痛めることがありませんから、コンスタントにレッスンを行なうことができます。

そして、意識的に表情筋を使って発声するため、**僕のレッスンを受ける子たちは、声がよくなり、歌がうまくなるだけでなく、みるみる顔つきがはっきりし、小顔になっていったのです。**もちろんアイドルの子たちには大好評。一時期はアイドルの予約だけで、レッスンがいっぱいになっていたほどです。

声が変われば、人生が変わる

こうして、鳥山式美顔ボイトレが生まれました。

鳥山式美顔ボイトレは、凝り固まって使われなくなっている表情筋をエクササイズによって呼び覚まし、動くようにすることで発声法を変え、声とともに顔の表情まで若々しく変えていきます。

声が変われば、顔も変わり、呼吸も変わり、人生が変わります。

声も表情も息もコントロールできるようになると、心や体にゆとりが生まれます。

はつらつとした声と顔は、じつはあなた本来の姿。

一人でも多くの方に、そのことをお伝えしたい。そんな思いで、こうして本を出すことにしたのです。

声は一生使うもの。だからこそ、表情筋を使った正しい発声法を身につけてほしい。

「美顔」とつくと女性に特化したもののように思うかもしれませんが、声や顔に美しさを求めるのは、女性だけではありません。僕は、男性はお化粧という美容の手段がないからこそなおのこと、表情と発声の改善が必要だと思います。

本書が、あなたが美しく輝くための一助となりますように。

さあ、鳥山式美顔ボイトレで、あなた自身に起こる変化を体感・目撃しましょう。

「美顔ボイトレ」体験記

1回のレッスンで、声や表情が明るくなったり、フェイスラインや、頬の高さ、目の大きさが目に見えるほど変わる鳥山式美顔ボイトレ。体験者の方々の驚きと感動の声を紹介しましょう。

Case 1

「口角が上がり、肩こりや猫背も改善!」

大澤綾子さん(41歳　女性)
レッスン×2回(2017年9月、2018年2月)

Before

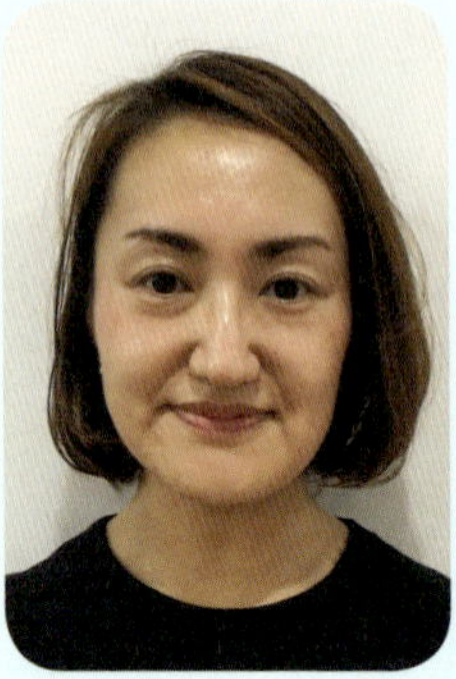

After

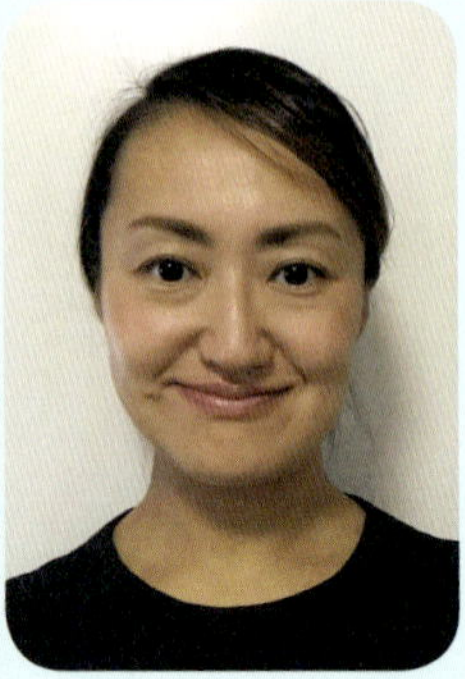

姿勢矯正やダイエット専門のパーソナルトレーナーをしているので、筋肉を正しく使うと美しくなれることは知っていました。でも、表情筋を使うと顔がここまで変わるとは思いもよりませんでした。

口角が左右対称に上がらないこと、頬が垂れていることが気になっていたのに、今では「口角が上がっていて羨ましい」と言われるまでに。クライアントさんからは「会うだけで元気がもらえる」と言っていただけるようになりました。衝撃だったのは、美顔ボイトレで顔が変わったせいか、Facebookに顔認証されなくなったことです。

表情筋がトレーニングされると、肩こりや猫背が改善され、姿勢や全身のスタイルにもよい影響を与え、ボディだけを整えるよりも変化が起きやすいと、実感しています。

Case 2

「顔のむくみや二重顎がなくなり声が艶やかに」

久野友莉さん（45歳　女性）
レッスン×2回（2018年5月、7月）

Before

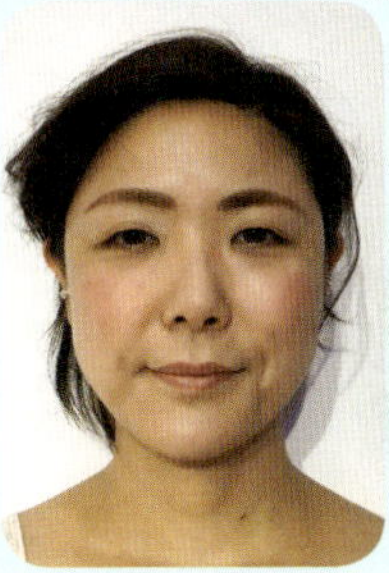

After

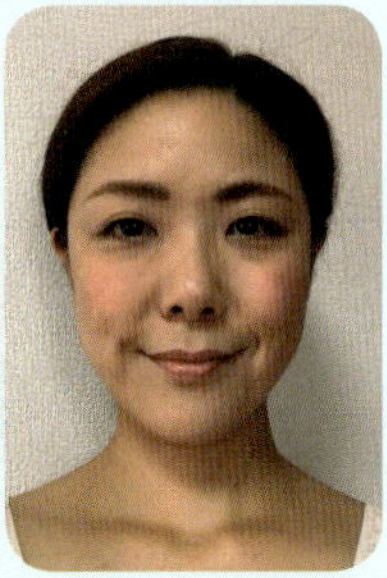

加齢による顔のたるみ、声枯れ、音域の低下に悩まされていました。知人に紹介されレッスンに参加したところ、顔のむくみがなくなり、気になっていた二重顎は消えてきて、実年齢よりもかなり若く見られるように。声も以前より艶《つや》やかになり、音域も広がりました。

鳥山先生のボイトレの特徴は、鼻腔共鳴に特化し基本的な個人の声を磨くこと。ご自分の身体で経験したことと医学書などから得た豊富な知識を合わせて、表情筋と鼻腔の連動をわかりやすく解説してくれました。

友人に美顔ボイトレの話をすると、とても興味を持ってもらえるのは、きっと私の声や顔が変わったからだと思います。口まわりや頬、目を動かすことが習慣になりました！

Case 3

「『いらっしゃいませ』の声が響くようになった」

青木 修さん（42歳　男性）
トライアルレッスン×1（2018年3月）、
個人レッスン×3（4月に2回、5月）

Before

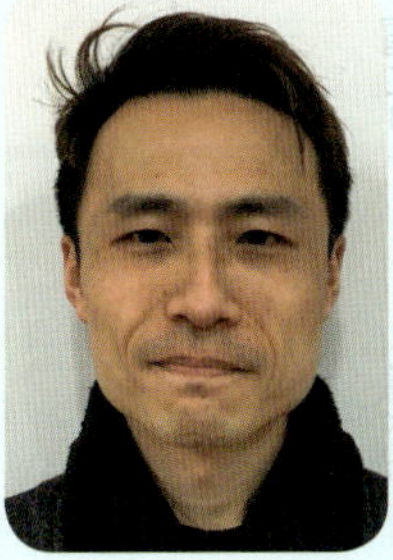

After

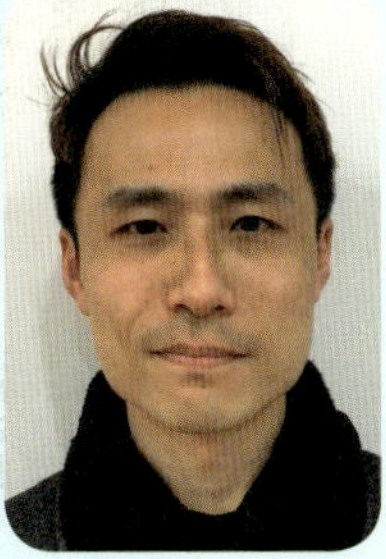

ラーメン店をやっているのですが、声が通らず、滑舌も悪く、表情が乏しく、笑顔にも自信が持てないでいました。客商売の命ともいえる「いらっしゃいませ！」を大きくはっきりした声で言いたくて、トライアルレッスンに参加。わずか1時間ほどで、声が出しやすくなり、自分の表情が明るくなって驚きました！　その後個人レッスンを3回受け、今ではお客様から「笑顔がいいですね！」と言われるまでになり、以前よりもお店に活気が出て、雰囲気も明るくなったような気がします。

表情筋のエクササイズは鏡を見ながら朝晩やっています。ボイストレーニングにこんなアプローチがあるなんて目から鱗。人生が変わりました！

Case 4

「声が出やすくなり、フェイスラインもすっきり」

菅原香里さん（35歳　女性）
レッスン×3回（2018年4月、5月、6月）

Before

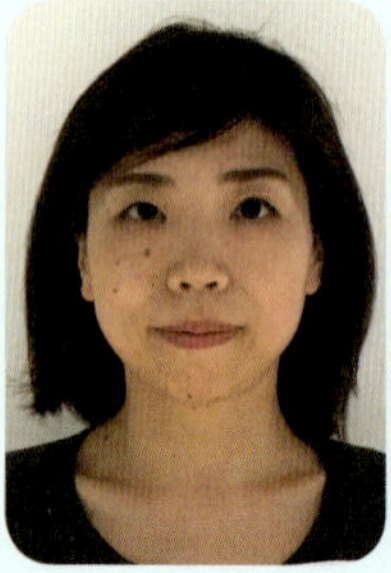

After

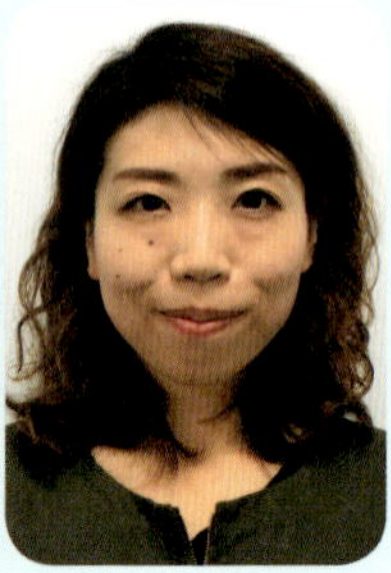

声が出しづらいこと、滑舌も悪くなったこと、フェイスラインのたるみや顔の左右差、ほうれい線などが気になっており、「美顔ボイトレ」というワードに惹かれてレッスンに参加しました。3回のレッスンを通して、力まずに声を出せるようになり、フェイスラインがすっきりし、表情が柔らかくなりました。

自分を可愛いと思えるようになり、自分の顔に自信がついたことで、新しいことにチャレンジしようという意欲も湧いてきたように思います。

好きな自分をキープしたいから、毎日お風呂上がりに5〜10分程度、口まわりの筋肉を動かす「う」や「ウイウイ」エクササイズ、目の筋肉を鍛えるエクササイズをしています。

Case 5

「たった1回のレッスンで顔がリフトアップ」

西川美菜子さん（46歳　女性）
レッスン×2回（2018年7月7日、7月28日）

Before

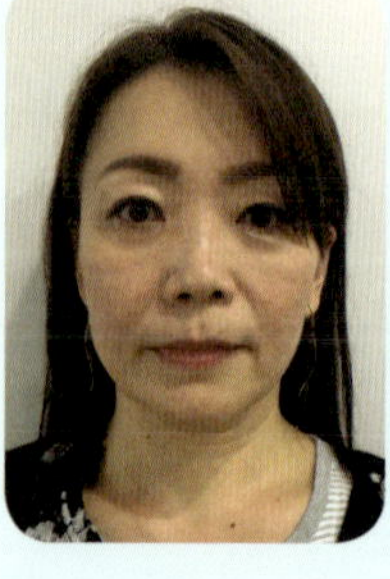

After

声が低いせいか普通にしゃべっているのにテンションが低いと思われたり、顔がたるんできたせいなのか普通にしているのに「怖い」とか「怒ってる？」と言われることがよくありました。

最初にレッスンを受けたとき、呼吸がしやすくなり、自分の声が大きく聞こえたこと、そしてビフォーアフターの写真を見比べてリフトアップしていたことに衝撃。顔が筋肉痛になるのも初めて体験しました（笑）。

仕事でパソコンに向かっているとつい無表情になってしまい、周囲に近寄りがたい雰囲気を与えていたようですが、レッスンを受けてからは、無表情になっている自分に気づき、セルフケアできるようになりました。

Contents

Chapter 1

Contents

Chapter 2

Chapter 3

実践！　美顔ボイトレ

Exercise 01

表情筋エクササイズ

Contents

Exercise 02

声のトレーニング

Chapter 4

Staff

装丁・本文デザイン
…細山田光宣　鈴木あづさ
（細山田デザイン）

撮影
…有坂政晴

撮影（練習風景）
…安田円美

ヘアメイク
…鶴原正二郎

スタイリスト
…奥田ひろ子（ルプル）

モデル
…八尋莉那

イラスト
…須山奈津希

Chapter 1

声を変えると顔と体にどんな変化が起こるのか

大人の変声期、放っておくと手遅れに？

声帯など発声器官の成長やホルモンの分泌の変化に伴い、声の音域や音色が変化することを変声または声変わりといいます。

思春期の男子に起こる声変わりはよく知られていますが、実は声変わりは思春期の男子に限って起こる現象ではありません。

大人になってからも声変わりはあるし、男性だけでなく女性にも声変わりは起こるのです。

「前よりも声が低くなったような気がする」「気のせいか声が太くなった感じがする」などと、心当たりがある方も多いのではないでしょうか？

声は録音でもしない限り保存することはできませんから、毎日聞く自分自身の声とはいえ、その変化にはなかなか気づきません。しかも、思春期の男子のように喉仏が出るという目に見える変化が同時に起きるわけでもないので、「気がする」とか「気のせいか」といった感覚になるのは無理のないことです。

でも、残念ながらそれは「気がする」だけでもなければ「気のせい」というわけでもありません。**女性の場合は、更年期にさしかかるあたりから、閉経にかけて確実に声が変化するのです。**

低くなったり、太くなったりと、男性的な声に近づくのは、女性ホルモンが出なくなり、以前に比べて男性ホルモンが優位になるから。男性ホルモンの働きによって、声帯が太く厚くなっていくからなのです。

具体的にどのくらい声が低くなってしまうかというと、1オクターブから1オクターブ半くらい。男子が思春期に低くなるのと同じくらい低くなるのですから、侮《あなど》れませんよね。

ちなみに男性の場合は、年を重ねる中で声帯の筋肉が徐々に細くなっていくため、年齢が上がるにつれ声も細くなる傾向にあります。

また声帯のたるみやコリなどによって、声は年齢とともに年々出しにくくなっていきます。

「以前のようにしゃべれなくなった」

「しゃべっていると、喉が痛くなってしまう」

「呼吸が浅くなったような気がする」

これらを放っておくと、**大人の声変わりが進行する可能性があります。**

実際、レッスンに参加された方の中には、こうしたお悩みを持っている方が多くいらっしゃいます。

でも、安心してください。声の出し方を変えれば、はきはきとした明るい声になるし、声帯に負担がかからなくなるので喉を痛めることもなくなります。呼吸も深くなります。適切な発声法を身につければ、大人の変声期を軽やかに乗り越えることができるのです。

声をコントロールするために「随意筋」を使うということ

喉にある声を出すための器官を声帯といいます。

声帯のまわりの筋肉が動くことによって声が生まれるのですが、声を生み出すのはどんな筋肉なのでしょう？　ここから少し専門的なお話をします。

筋肉は部位にかかわらず、意思を持っている「随意筋」と意思を持たない「不随意筋」の2つに分けられます。

たとえばじゃんけんをするとき、あなたは思うがままに、自分の意思によってグーとかパーとかチョキを出すことができますよね。これは意識的に動かせる筋肉、「随意筋」を使っているからです。

一方、心臓は常に動いて血液を体中に送り出していますが、これは心臓を動かそうと意識して動かしているわけではありません。食べたものを消化するときも、意識的に胃や腸を動かしているのではありませんよね。心臓は寝ているときも休まずに動いてくれるし、胃腸も何かを食べれば自動的に動き出し消化に励んでくれます。このように意思によってではなく、神経によって操作される筋肉を「不随意筋」といいます。

おおまかに言うと、発声にまつわる声帯まわりの筋肉はほとんどが不随意筋です。意識的に「ああしよう」「こうしよう」と思っても動かせるものではないのです。

もしも**不随意筋である声帯まわりの筋肉を随意筋として扱えば、声帯自体が傷ついてしまいます**。声帯まわりの筋肉は、不随意筋として神経に操作され、自然に動くことが大事なのです。

つまり、声をコントロールし、思うがままに声を出すためには、声帯まわり以外のどこかで、意思によって動かすことのできる随意筋をうまく使う必要があります。

横隔膜と表情筋でコントロール

では声帯まわりの筋肉以外で、発声に関わる随意筋は何か？

発声に関わる随意筋は、横隔膜と表情筋です。

横隔膜は胸の下にある薄い筋肉で、肺を動かし呼吸運動に関わっています。「発声には腹式呼吸が大事」とよく言われますが、腹式呼吸というのは、言い換えれば横隔膜を意識的に使った呼吸法。腹式呼吸が重要視されるのは、とりもなおさず喉まわりの筋肉を随意筋として扱わないためなのです。

そしてもうひとつの表情筋は、鳥山式美顔ボイトレの肝とも言える、顔面の筋肉です。鳥山式美顔ボイトレの最大の特長は、**随意筋である表情筋を意識的に動かすことで、声帯まわりの不随意筋を動かす神経にアプローチし、喉まわりはリラックスしたままの状態で、発声をコントロールし鼻腔に響かせる**というもの。表情筋を動かすことで、上顎の軟口蓋《なんこうがい》という筋肉が自然に動き、鼻腔へ空気を送り込むための気道が確保されやすくなるのです。

そして、涙袋まで頬を動かすように表情筋を豊かに使っていくことで、顔の血行がよくなり、顔のたるみやゆがみ、シワ、シミが改善されるようになるのです。

「いい声を出そう」と力んでしまうのはNG

トレーニングというと、どことなく「汗を流して頑張る」「一生懸命努力する」といったイメージがあるかと思います。

熱心に取り組めばそれだけ効果も上がるし、毎日続けることで声も顔もより美しくなり、美しい状態をキープすることができます。なので一生懸命取り組んでいただくのはいいことなのですが、ひとつだけ気をつけてほしいことがあります。それは、決して「いい声を出そう」と力まないということです。

「いい声を出そう」と思うと、それだけで脳が勝手に声帯まわりの筋肉を緊張させ、力ませてしまうのです。

先ほどお伝えしたように、声帯まわりの筋肉は不随意筋です。いつでも自在にしなやかに動くために、不随意筋はリラックスしている必要があるのです。

ですから、Ｃｈａｐｔｅｒ３のエクササイズとトレーニングを行なうときはもちろんのこと、この本を手に取っている間はいつでも、リラックスした状態でいてほしいと思います。

「いい声を出そう」と思わなくても、表情筋を動かしていけば自然にいい声が出るようになります。いい声が出ていると実感できなくても、表情筋が動くようになればいい声が出ているという証拠です。

リラックスすれば、凝り固まった表情筋も緩みやすくなり、声帯まわりの筋肉もしなやかになります。ゆったりした気持ちで、楽しみながらトレーニングしてください。

美白化粧水よりも、肌の代謝を上げること

表情筋を使って発声するようになると、挨拶をしたりおしゃべりしたりといった日常のごく当たり前にしていることが、表情筋のエクササイズになります。

エクササイズをすれば代謝がよくなるので、すでにお伝えしたように、顔面のシワやたるみ、シミやソバカスが改善され、くすみもとれて顔色がよくなります。

これだけでも十分メリットがあるのですが、実は鳥山式美顔ボイトレは美白効

果も期待できるのです。

僕はよく「色白ですね～」と言われるんですが、恥ずかしながら一時期はガングロギャル男だったことがあるのです。

今となっては後悔しかありませんが、15歳から22歳までの7年間、おそらくお肌にとって一番大切な時期に、週に3～4回も日焼けサロンに通い、ハードにお肌を焼いていたのです。

その後、Kポップにはまり色白になりたくなったものの、ハードに焼いた後遺症で、シミがどんどん浮き出てくるわ、ホクロは増えるわ、天然の紫外線にも敏感に反応してすぐ赤くなるわ、肌は乾燥するわ、吹き出物は絶えないわ、とお肌はボロボロ。それを隠すように化粧の厚塗りをして、さらに悪化するという、悲惨な状態。

もちろん、美白化粧水や美白美容液もたくさん試しました。でも、一時的に白くなる兆《きざ》しが見えても、ハードに焼いたしぶといガングロには、どんなに高価な美白化粧水もまさに焼け石に水でした。

それもそのはず、美白化粧水に含まれる主な成分は、一時的に角質層を縮ませる収斂《しゅうれん》成分や、色白に見せる視覚効果を与える白い粉。つまり焼いてしまった肌を改善するというより、日焼け等のダメージを予防するためのものなのです。

美白化粧水では根本的に白くなることはほぼないと知った僕が、ガングロから脱却すべく着目したのが「肌のターンオーバー」です。

肌のターンオーバーというのは、新陳代謝により肌の表皮が生まれ変わること。ターンオーバーにはサイクルがあり、何もしなければ平均で、自分の年齢×1・5~2倍の日数がターンオーバーの周期となるそうです。歳をとればとるほどターンオーバーにかかる時間が長くなり、肌の状態が悪ければ、その悪い状態が長らく続きます。30歳なら45~60日、40歳なら60~80日、50歳なら100~150日という計算になるのですから、なんとも恐ろしい話です……。

けれど、もしターンオーバーを早めることができたら、肌は短い周期で生まれ変わり、小細工しなくても自然と本来の肌の色に戻っていくのです。

このことを知った僕は、とにかく表情筋を動かすよう心がけました。

凝り固まった肌には、水分や血液が行き渡らず、どんどん老廃物が蓄積されますし、老廃物だらけの肌はくすんだり、乾燥したり、たるんだりと最悪のコンディションになるからです。

意識的に表情筋を動かし、日常の会話までも表情筋エクササイズにしたことで、僕の肌は徐々に生まれ変わり、そして今や「色白ね」とお褒めの言葉をいただくまでになったのです。

レッスンのお手伝いをしてくれる僕のアシスタントも、レッスンに来た方々のサポートをしながら一緒に鳥山式美顔ボイトレをすることで、肌がみるみるきれいになっていきました。

美白効果のある化粧水や美容液を使い、予防をすることも大切です。でも、それ以上に大切なのは、表情筋をしっかり動かし、脂肪を筋肉に変え、水分や血液をくまなく行き渡らせ、代謝を上げるというように、内側からしっかり働きかけることです。

みなさんも鳥山式美顔ボイトレでお肌の代謝を促し、美声だけでなく美肌も目指してほしいと思います。

「口角挙筋」がキュッと上がる正しい発声法

鳥山式美顔ボイトレによって正しい発声法を覚えると、話している人の顔や首を見るだけで、その人の発声法が正しいかどうかがわかるようになります。

テレビでニュースを読み上げるアナウンサーでも、口角挙筋が動いていなかったり、しゃべるたび首に縦の筋が入ったりするのは、鳥山式美顔ボイトレが目指す正しい発声法とは言えません。実際、声のプロの方でも発声法に問題がある人は結構いて、僕はそういう人を見ると「そんなに喉を痛めて大丈夫?」「そのうち喉を痛めてしまうわよ」とハラハラしてしまいます。

モノマネで人気の椿鬼奴《つばきおにやっこ》さんも、ハスキーな声が素敵ですが、鳥山式美顔ボイトレ的には残念ながらNGです。顎を使ってしゃべっているので、喉を痛めてしまわないか心配でなりません。

逆に見習っていただきたいのが、上戸彩《うえとあや》さん。上戸さんは笑顔のときはもちろん、話をしているときもほぼ口角挙筋が上がっています。上戸彩さんをはじめ、オスカープロモーションに在籍されている女優さんはみんな口角挙筋がキュッとあがって、笑顔がとても素敵です。

きっと事務所をあげて、口角挙筋のトレーニングをしているんでしょうね。

「美顔ボイトレ」でどんな変化が起こるのか?

ここで鳥山式美顔ボイトレを実践すると、どんな変化が起こるのかまとめておきましょう。

○こもりがちだった声がよく響くようになり、相手に伝わりやすくなります。
○声が、1~2トーン上がります。
○声のトーンが上がると気持ちも明るくなり、メンタル的に穏やかになります(次項でくわしくお話しします)。
○明るいトーンの声が出ると、場の空気を明るく変えることができるようになります。

○声帯に負担がかからなくなるので、声が出しやすくなります。

○長く話しても、喉が痛くなりません。

○喉のトラブルが激減します。

○顔が若々しくなります。

○顔面の代謝がよくなり、顔色が明るくなり、シミやソバカスが改善されます。

○表情筋が鍛えられることで、顔全体がリフトアップし、シワやたるみが改善されます。もちろん、小顔になります。

○鼻腔に息を送り込むことで、目の奥を意識するようになるため、目力がアップし、生き生きした表情になります。

○全身の筋膜は頭蓋からぶら下がっているので、表情筋を鍛え、ゆがみを解消していくことは、全身のゆがみを整えていくことに繋がります。

○特にこめかみ周囲の表情筋が活性化されると、全身のバランスが整います（骨盤矯正よりもバランスが整うと僕は思います）。

○呼吸が深くなります。鼻呼吸により鼻腔に息を送り込むことを基本としているため、鼻呼吸の癖がつき、呼吸の質がよくなります。
○しっかり鼻呼吸ができるようになるので、風邪を引きにくくなったり、鼻炎やめまいが改善されます。

人は1日に2万回呼吸をしています。毎日2万回している呼吸の質が変われば、体調が整い、全身が変わってくるはずです。

美顔ボイトレは、声や顔のリフトアップだけでなく、全身のゆがみや呼吸の質の改善も期待できるエクササイズです。

声の印象は、見た目以上に相手に残る

ここで、声とメンタルの関係についても、少しお話をしましょう。

声の本や自己啓発本などにしばしば登場する「**メラビアンの法則**」をご存知でしょうか？

アメリカの心理学者アルバート・メラビアンが行なった実験結果をもとに導き

出された説で、初対面の人物を判断する際の、視覚情報（visual）、聴覚情報（voice）、言語情報（verbal）の割合を数値で示したものです。

これによれば、１００％中、**見た目・表情・しぐさといった視覚情報が占める割合は55％、声のトーン・大きさ・速さ・口調といった聴覚情報が38％、話の内容などの言語情報は7％**といわれています。

38％といわれると一見大したことがないようにも思えますが、あと2％を足せば4割となり半数に迫る数字。声が持つ力は、意外と大きいのです。

実際、見た目が若い人でも声を聞いて実年齢がわかることもあれば、綺麗で近づきがたいと思った人が低いダミ声だったりすると「見かけによらず呑兵衛《のんべえ》なのかしら」と親近感が湧くこともあるし、強面《こわもて》な人に対し「怖そう」と警戒していたら意外と優しい声でホッとした、といった経験はみなさんもありますよね。

しかも声の印象というのは、たいていの場合、見た目の印象の後にやってきます。新近効果といって、**「人は最後に得た情報に影響を受けやすい」**といわれているので、55％を占める見た目よりも、**後から入ってくる声の印象のほうが強く**

残ることだってあるんです。

それほど印象に大きな影響を与えているというのに、声の操作法についてはほとんどの人が無関心、というか無知……。

スキンケアをしたりお化粧をしたり、ヘアスタイルを気にしたり、洋服のコーディネートを考えたりと、ビジュアルについては、みなさん毎日鏡を見てたゆまぬ努力をしていますよね。でも、もしも一生懸命磨きをかけたその印象を、声によって損ねてしまっているとしたら、とてももったいないし、残念です。ビジュアルはもちろん大事ですが、声によっても自分の印象を高められるよう、もっと声について関心を持ってほしいものです。

声のトーンは脳に働き、心も豊かにする

見た目の印象というのは、自分の気分やテンションにも影響を与えます。たとえば、スーツを着たときはピシッとした気分になるし、スウェットを着ていると

リラックスした気分になりますよね。

では、声はどうでしょう?

声の印象もまた、同じように脳に作用し、自分の気分やテンションを左右する影響力を持っています。

たとえば、人から大きな声で元気に挨拶をされたら、それにつられて自然と大きな声で挨拶しますが、大きな声で挨拶するとなんとなく気持ちまで明るくなりますよね。

逆に、ぼそぼそと暗い声で挨拶され、それにつられて同じようなトーンで挨拶を返してしまうと、わけもなく気持ちが塞《ふさ》がってしまい、声と同じトーンに落ちてしまうのではないでしょうか。

楽しいときは明るい声、悲しいときは沈んだ声というように、声と気持ちは連動します。でも、明るい気持ちが先にあるから声も明るくなるのかといえば、必ずしもそういうわけではありません。脳というのは実に不思議なもので、声のトーンや音量によって、自分の気分やテンションを決めるのです。

脳科学では「**行動が先で意識は後**」というのが定説となっていますが、**気持ちが沈んでいるときでも明るいトーンで話していれば、声の明るさにつられて気持ちまで明るくなっていく**し、逆に低くこもった声で話していると、その声につられて暗い気持ちになっていくのです。緊張してしまった場合も、あえて冷静な声を出して気持ちを落ち着かせると、緊張が解けるというわけです。

こうした脳の習性を利用し、自分のなりたい気分やなりたいテンションに合わせて自分の声を意図的に操作し、声によって脳をコントロールすることができたら、ネガティブになっている気持ちをポジティブに転換することだってできるはず。

元気になりたかったら元気な声を出し、怒りを鎮めたかったら優しい声を出し、自信を持ちたかったらはっきり大きな声を出す。

こんなふうに自分の声で、自分の気持ちをうまくコントロールすることができたら、人生は今よりももっと豊かなものになっていくのではないでしょうか。

Chapter 2

声を出すほど美しくなる美声のメカニズム

声量・音色はどうコントロールするの？

声は音の一種です。音は空気の振動によって生まれます。
普段何気なく出している声という音は、どのようにして作り出されているのでしょう？

まず、声には振動の元となる息、そして息が振動する場所が必要です。
息を振動させる場所というのは、Ｃｈａｐｔｅｒ１でも触れた声帯で、通常、声は声帯から出します。

声帯は、喉仏の中にある２枚の弁で、生まれた瞬間から死ぬ瞬間まで、この小さな２枚の弁が、声を出すために頑張っているのです。

さて、粘膜で覆われた薄い２枚の弁は閉じたり開いたりしますが、発声時はどちらの状態だと思いますか？

レッスンなどでこの質問をすると、開いた状態と答える人が圧倒的に多いのですが、正解は閉じている状態です。

声は2枚の弁がくっついたりこすれたりして、振動することによって生まれるのです。

でも、喉の奥にある小さな声帯が振動しただけでは、声を音として響かせることはできません。

たとえば太鼓は、普通に叩くとボ〜〜〜ンと音が響きますが、打面に手を当てて叩くと、ペンペンペンと乾いた音になります。このペンペンペンという音は太鼓の打面自体がはじかれた音です。

打面から手を離して叩くとボ〜〜〜ンと響くのは、打面の振動が打面の下にある太鼓の空洞部分に伝わり、その空洞部分で響いているからなのです。

声が音となって伝わるしくみも太鼓と一緒です。**声帯で生まれた声を、体の中にある空洞で響かせることによって、声が伝わるのです。**

このように音を響かせることを**共鳴**といいます。

声が音となって伝わる
仕組みは太鼓と同じ

声量と息の量は関係ない
――あなたの体を聖堂のように

「声量が豊か」とか「あの人の声量はすごい」などと言うように、歌を歌うには声の大きさや強さ、いわゆる声量が必要です。

小学校のときなどに、音楽の先生から「声量を上げるよう、思い切り息を吸いなさい」と言われた方も多いのではないでしょうか？

確かにたくさん息を吸ってたくさん吐けば、それだけ声も大きくなるような気がします。でも、**実は声量と息の量はあまり関係ありません**。

以前肺活量の検査をしたところ、僕の肺活量は60代のレベルだと言われました。でも、僕はこの夏までプロの歌手としても活動し、レコーディングをしたり、ステージに立ったりしてきました。

国民的歌手の美空《みそら》ひばりさんも、肺の病気をされたため肺活量が少なくなり、亡くなる半年前に『川の流れのように』をレコーディングされたときには、すずめほどの肺活量だったと言われています。信じられないような話ですが、たとえわずかな肺活量であっても、あのような圧倒的な歌声で歌うことはできるのです。

では何が声量になるかというと、先ほどお話しした共鳴が大きく関わってくるのです。

声量を大きくする秘訣は声をどこで共鳴させるかです。

たとえば誰もいない海に向かって叫んでも、声は波や風にまぎれて消えてしまいますが、洞窟や教会の聖堂で叫べば、まるで他に誰かがいるみたいにあなたの声は反響を重ねます。

自分の声も同じ。**あなたの声を響かせることができるのは、自分の体の中の空洞だけです。**その空洞でしっかり響かせることによって、声は大きく、強くなるのです。

声を共鳴させる空洞を知ることは、ボイストレーニングの第一歩。単に息を吸って声を出すことではなく、音が確実に響く体内の空洞を知ってもらい、その空

聖堂で響く声のように
自分の体で共鳴させる

洞で音を響かせるようにする。これがボイストレーニングの真髄なのです。

チェストボイスはリスク大

さて、声を響かせることのできる空洞はどこにあるでしょう？

鼻の穴も空洞だし、口も空洞部分がありますね。気管も空洞になっていますね。ちなみにヨガなどで「お腹に息を入れましょう」と言いますが、お腹に息を入れることはできません。息を吸うとお腹がふくらみ、息を吐くとお腹が凹《へこ》むのは、息を吸って肺がふくらんだことにより内臓が下に押されて、間接的にお腹がふくらんでいるにすぎません。逆に息を吐くと肺が小さくなり内臓が収まるスペースができるため、お腹が凹むのです。

たとえば鎖骨のあたりに手のひらをつけ、地声で発声すると、声の振動が手のひらに伝わってきます。これは触って実感できる共鳴現象ですが、このとき地声が響いているのは、声帯がある気管です。

鎖骨のあたりに手のひらをつけて声を出してみると……。
声の振動が手のひらに伝わるのがチェストボイス

このように**気管支でダイレクトに響かせる声のことを、胸声もしくはチェストボイスといいます。**オペラやクラシックなどの低音で多用されます。

相手の気持ちを引きつける魅力的な声を俗に「モテ声」といいますが、女性のチェストボイスは男性っぽくなるため、「モテ声」としてはあまりお勧めできません。

一方、男性の低く響くチェストボイスというのはまさしくモテ声。福山雅治《ふくやままさはる》さんとか菅田将暉《すだまさき》さんの声はとても素敵ですよね。彼らは首が太いから、声がしっかり響くんですよね。お二人ともとてもセクシーなチェストボイスで、僕はお二人の声が大好きです。

ただし、**チェストボイスは声がこもりやすい傾向にあるし、声帯まわりで響かせるため、声帯を傷つけやすいというデメリットがあります。**ビジネスシーンでは信頼感のある低い声が好まれるとは思いますが、男性といえども、チェストボイスだけというのはあまりお勧めできません。

ヘッドボイスはモテない声

では次に、鎖骨あたりに手のひらを当てたまま、裏声を出してみましょう。裏声の場合は、手のひらに振動はあまり伝わってきませんよね。

裏声は、頭蓋骨に響かせるという意味合いで、頭声もしくはヘッドボイスといいます。

先ほど、チェストボイスは女性にお勧めできないと言いましたが、数百人の男女を対象にアンケートをとったところ、チェストボイスの女性とヘッドボイスの女性では、**圧倒的にヘッドボイスの女性が不人気**という結果が出ました。

キンキン響くヘッドボイスはきっと癇《かん》に障《さわ》るのでしょうね。女性ですらヘッドボイスが不人気なのですから、男性のヘッドボイスが不評なのは言うまでもありませんね。

気管で響かせるチェストボイスでもダメだし、頭蓋骨に響かせるヘッドボイスもダメ。ではいったいどこで声を響かせたらいいのでしょう?

答えは〝目と鼻の裏側で響かせる〟

その場所とは、この本の最初でお伝えした**鼻腔**です。

鼻腔というのは、鼻の後ろ側にある空洞です。

図で見ると、鼻腔は目の裏側まで広がっていて、気管や口腔《こうくう》よりもはるかに大きい空間です。狭い空間より広い空間のほうが音はよく響きますから、気管よりも口腔よりも広い空洞、鼻腔を使わない手はありませんよね。

日本語は口腔内で話せてしまうので、言語的に声がこもりやすい傾向にあります。はっきり発音しようと思ったら、口腔内ではなく、鼻腔で声を響かせることです。

鼻腔で声を響かせることができると、チェストボイスの要素もヘッドボイスの要素も両方混ざり、とても豊かでクリアで、しっかりしていながら艶やかな響きになります。さらに、鼻腔で共鳴させるとチェストボイスとヘッドボイス、両方

目と鼻の裏側まで広がる鼻腔で声を響かせよう

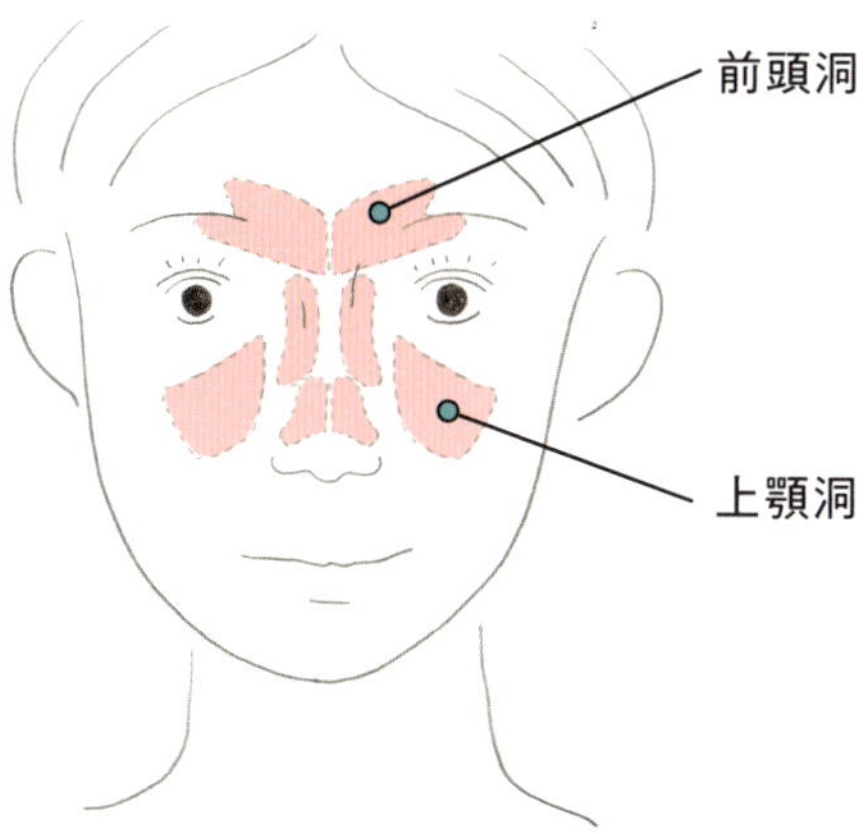

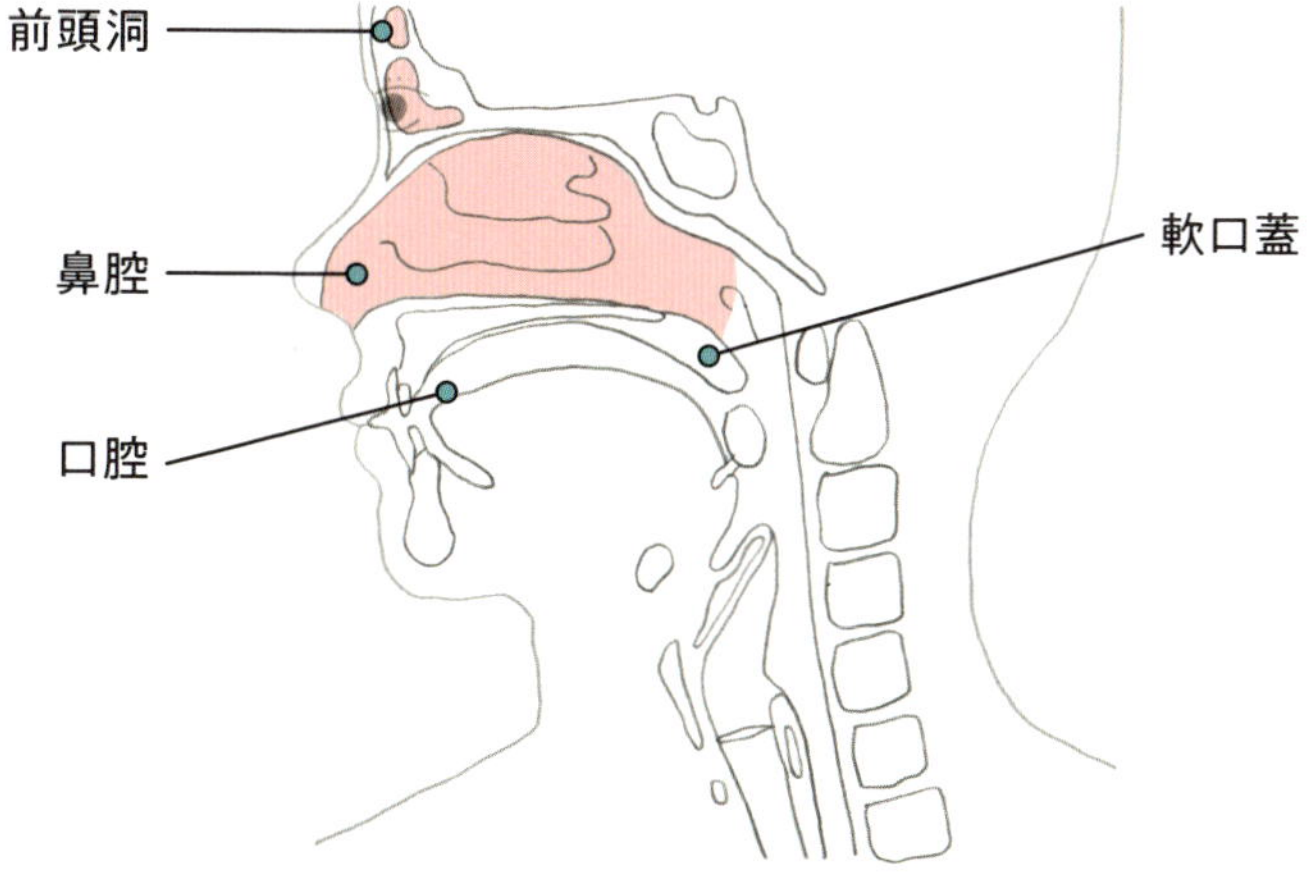

の響きをコントロールしやすくなるのです。

チェストもヘッドも両方混ざるということで、鼻腔共鳴による声のことをミックスボイスといいます。

ボイストレーニングの目的は、この鼻腔共鳴によるミックスボイスを手に入れるためと言っても過言ではありません。

スムーズな鼻腔共鳴を起こすために「顎関節を動かさない！」

ボイストレーニングに通いミックスボイスを修得するとなると、ヘッドボイスもチェストボイスもできなければいけないので2年くらいかかると言われています。

でも鳥山式美顔ボイトレでは、たった1回のレッスンで、しかもわずか100分の間に、鼻腔共鳴を自ら体感し、感覚的に理解することができます。

レッスンでは鼻腔で共鳴させるためのポイントをしっかり押さえ、それを実践してもらうことで、頭で考えなくても自然に鼻腔共鳴になり、知らぬ間に体感できるよう導いていくので、短時間で修得できるのです。

レッスンでお伝えしているそのポイントというのは、**「顎《がく》関節を動かさない」**ことです。

顎関節というのは、耳の下にある上の顎と下の顎を繋ぐ関節で、口を開けたり閉じたりすると動くところです。

口を開けたり閉じたりしないで声が出せるわけがない、と言われそうですが、そんなことはありません。

顎を下げ、口を大きく開けると確かにたくさんの空気を取り込むことができます。息の量イコール声量であれば、顎を下げて多くの空気を取り込んだほうがいいのかもしれません。でも、前述したように息の量と声量は関係ないので、口を大きく開ける必要はないのです。

顎を下げてはいけない理由は2つあります。

ひとつは、**顎をちょっとでも下げた途端に、共鳴する場所が鼻腔から口腔に落ちてきてしまう**からです。逆に言えば、顎を下げなければ人は勝手に鼻腔共鳴させることができるのです。

2つ目は、**顎を下げると、声帯周りの筋肉が引っ張られてしまう**からです。

試しに顎が下がらないように「ア〜」と発声し、その後、声を出しながら顎を下げてみてください。顎を下げるにつれ、喉がしめつけられ声が変な音色になっていくのがわかるはずです。

また、手で首を触りながら顎を下げて「イ〜」と発音してみてください。首が筋張るのが感じられるはずです。

顎と喉まわりの筋肉は直結しているため、顎に一瞬でも力が入ると声帯をぐっと引っ張り、声帯を傷つけてしまうリスクがあるのです。

美顔ボイトレのポイントは、
顎関節を動かさないこと

顎関節を使わないために正しく「表情筋を使う!」

以前テレビに出演した際、「顎関節を使わない」という話をしたら、その番組のアナウンサーの方がとてもショックを受けておられました。

というのも、はっきり発音すること＝口を大きく開けること、という間違った図式が、発声の世界でまかり通ってきたからです。そのアナウンサーの方もきっと滑舌《かつぜつ》良く話したいがために、間違ったセオリーを鵜呑《うの》みにし、口を大きく開けて発音するよう心がけてきたのでしょうね。

美顔ボイトレのレッスンでも「顎を動かさないで!」と言うと、みなさん「え!?」と驚き、「顎を動かさないで、発音などできるはずがない」と目で訴えてきます。

でも決してそんなことはありません。むしろ、口で発声しているというのは、僕に言わせれば単なる思いすごしです。

実際、僕は「ア」を発音する口のまま、ほぼ形を変えずに「ア〜エ〜イ〜オ〜ウ〜」と発声することができます。

これもレッスンで行なっているトレーニングのひとつですが、最初は「そんなこと不可能！」と半信半疑だったレッスン生の方々も、レッスンを終えるまでに、**顎を動かすことなく「ア」の口のまま「ア〜エ〜イ〜オ〜ウ〜」と発声できる**ようになっていきます。

なぜ顎を動かさずに発音できるかといえば、**顎を動かす代わりに表情筋を使う**からです。表情筋が口まわりの筋肉を引き上げることによって、これまでとは違う方法ながら、同じように発音できるのです。

オスカー女優はみな「口角挙筋」を使って笑う

人の笑顔は、2種類あります。まずひとつ目は「笑筋」を使った笑顔。笑筋というのは「い」と言うときに使う筋肉です。「いー」と言っているときの首を見ると、筋が入っていますよね。笑筋はそのまま声帯まわりに直結しています。「い」と笑筋で笑うのは楽です。でもこれはダメ。笑筋を使ってしゃべると声帯を痛めてしまうからです。なので、笑うときもしゃべるときも使ってはいけない筋肉です。

では何を使うかというと、涙袋からぶら下がっている「口角挙筋」という筋肉です。笑顔の2つ目は、この**口角挙筋を使った笑顔**です。**オスカー女優はみんな、この口角挙筋を使って笑います。**これが「正しい笑顔」です。

口角挙筋をぐいっと涙袋から目頭のほうにかけて上げます。「**涙袋が反応する**」位置まで上げる。これが正しい笑顔であり、正しい発声のポジションです。歯が見えるようにしても、首に筋が入らないことが目安です。

正しい笑顔　口角挙筋を涙袋まで上げて笑う

間違った笑顔　口を引いて笑筋を使って笑う

口角挙筋を使うだけで腹式呼吸になる

お腹に手を当てて、正しい笑顔をしてみてください。そうするとお腹に力が入るのがわかりますよね。なぜなら、この**口角挙筋は筋膜でそのまま横隔膜と繋がっている**からです。ということは口角挙筋を使うだけで、勝手に腹式呼吸になるのです。

だから変にお腹を使って、声を出そうとしなくても、顔の表情筋を使うだけで腹式呼吸にもなるし、鼻腔共鳴も叶うし、いいことだらけというわけです。お腹が反応するくらいまで笑顔をつくってください。僕はこれを発見するまで10年くらいかかりました。

美顔ボイトレにはキーワードが2つあります。ひとつは先ほどの口角挙筋を「涙袋が反応する」位置まで上げること。もうひとつのキーワードは、**「首に筋が入らないようにする」**こと。Chapter3の実践編でご紹介する発声練習のときには、ぜひ、意識してください。

神経回路を呼び覚ますトレーニング

最後に美顔ボイトレを続けるコツをお伝えして、この章をしめくくります。

Chapter3の実践編でご紹介するエクササイズやトレーニングは、とてもシンプルなので一見簡単そうに見えますが、実際にやってみると結構難しいはずです。使っていなかった顔の筋肉を動かすのですから、当然なんです。中にはあまりのできなさに落胆したり、困惑されたりする方もいるでしょう。

でも、最初にやってみてどんなにできなくても「私には不可能」「他の人はできるかもしれないけど、私には無理」なんて見限らないでください。笑っちゃうくらいできなかった人でも、必ずできるようになっていきますし、そういう人を僕は何千人と見てきました。

時間がかかる場合もあるだろうけど、エクササイズやトレーニングによって、**眠っていた神経を呼び覚まし、何度も繰り返す中で神経の回路が次第に繋がって**

いき、自分でも驚くくらいに、表情筋を動かすことができるようになるのです。

ですから、できない自分を嘆いたりせず、「そのうちできる」と気楽に構え、「昨日よりちょっとましになった」と焦らずやってほしいと思います。

大事なのは、「できない」という思い込みを捨て、自分の可能性を信じることです。

わからなくなったら極端に逆のことをやってみる

エクササイズ&トレーニングをしていて、「これでいいのかな?」「間違っていないかな?」と、正しいやり方がわからなくなったりすることは誰でもあります。正しいやり方を頭ではわかっているのに、思うように動かないということも必ずあります。

Chapter3のエクササイズとトレーニングにはそれぞれ正しいやり方とともにNGパターンの写真を入れてあるので、つまずいたり迷ったりしたときは正しいやり方を追い求めるのを一瞬中断し、極端に真逆のことをやってみてください。

たとえば、口で縦の楕円《だえん》をつくれないときは、くちびるを内側に巻き込み、眉毛が上がらなかったら思いっきり目を閉じる、というように。

僕は対面のレッスンでも、正しいやり方だけを伝えるのではなく、真逆のいわゆるNGパターンも伝えて、そちらも必ずやってもらっています。

なぜなら、正しくできるようになったことを実感してもらうのは、実はとても難しいからなんです。「今のエクササイズ、正しくできたのかな？」と、レッスン中にみなさんが首をかしげ出すのを見るのが、僕は超大嫌い。だから正しい動きだったのか、正しくなかったのかを実感してもらうために、NGパターンをやってもらうのです。ダメなパターンはみなさんだいたい完璧にできるので、違いがはっきりわかる。一度極端にダメなことをやってもらい、それからもう一度、正しいやり方をやってもらいます。

ダメなやり方を体が知っていれば、たとえ正しくできなかった場合も、ダメなやり方をしないようにという意識が働き、正しいほうへと少しずつ修正していくことができます。

また、極端にダメなことをやることにより、その反動で正しい方向が見えてくることがあるからです。


余談ですが、これは3年前に僕の母がクモ膜下出血で倒れたときの経験から学んだことでもあります。

母は後遺症で右腕が拘縮《こうしゅく》してしまったため、みんな母の固まった腕をなんとか伸ばそうとしたのですが、何も反応しませんでした。それもそのはず、筋肉は一度縮めないと伸びないからです。

そこで僕は、縮んで曲がっている腕をさらに曲げて縮めてみたのです。体は元に戻ろうとする作用があります。拘縮している状態からさらに縮められた母の腕は反動で動き、元の拘縮した状態よりも伸びた状態になったのです。伸ばそうという目的に対し縮むという逆の動きをすることで、伸びることを忘れてしまった筋肉が伸びるという感覚を思い出したのでしょう。

病気などによる麻痺《まひ》はなくても、表情筋は使っていなければ凝り固まってしまいます。当然、凝り固まった筋肉というのは動きづらい状態にあります。動きづらい方向に必死に動かそうとしても、あまりの動かなさにがっかりしてしまうだけなので、そんなときは真逆のNGパターンをやることです。そこから元に戻ろうとし、ほぐれて解放されていく筋肉の動きを利用し、正しい方向に近づいていっていただければと思います。

ではさっそく、Let's try!

Chapter 3

実践!
美顔ボイトレ

Check!

美顔ボイトレは、たった2つをやるだけ

1
Exercise 01

表情筋エクササイズ

表情筋を動かしやすくし、鼻腔に空気を送りやすくするためのウォーミングアップ

6種類

2
Exercise 02

声のトレーニング

発声方法を変えるトレーニング

6種類

美顔ボイトレのポイント

Point
1
すべて「ついで」にできる

洗顔のついでに鏡の前で。お風呂の時間にゆったりと。1エクササイズはたったの40秒。「ついで」時間を使って続けましょう。

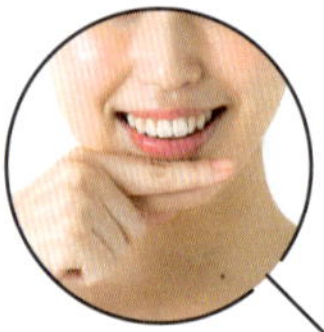

Point
2
エクササイズは歯を噛んだまま行なう

顎《あご》が下がると、共鳴する場所が鼻腔から口腔へと落ちてしまいます。歯を噛んで発声すれば顎は下がりません。顎を下げずにスムーズな鼻腔共鳴を起こすために、エクササイズは歯を噛んだ状態で行ないます。※噛みしめすぎに注意

Point
3
涙袋まで縦に上げる。キーワードは「涙袋が反応する」まで

美顔ボイトレで使う主な表情筋は、涙袋からぶら下がっている筋肉、口角挙筋です。この口角挙筋を涙袋が反応するまで縦方向に引き上げるようにして発声すると、自然に鼻腔で共鳴します。涙袋が反応するまで口角挙筋を引き上げましょう。ポイントは「縦」に上げること。

Point

4

正しい発声ポジションは「首に筋が入らない」こと

顎を下げて発声するのはNG。顎関節と首は繋がっているので、顎を下げると首に筋が入ってしまいます。首に筋が入っていないかどうかを見れば、正しい発声ポジションかどうか確認することができます。

Point

5

目の奥の呼吸が大事

鼻腔は目の裏側にまで広がっています。目の奥に空気を入れるような呼吸法は、美顔ボイトレの基本。コツはひんやり空気を感じること。

Point

6

発声は、目の奥を感じながら。頭の上に抜ける感じで響かせる

目の奥にある空洞を意識して発声し、声を頭の上に突き抜かせるような気持ちで、声を響かせましょう。

※エクササイズ中に手足がしびれたり、クラクラするなど異変を感じたら中止してください。

Point

7

しっかりやれば8～10分。40秒の1エクササイズだけでも続けましょう

表情筋エクササイズと発声トレーニングをフルで行なっても約8～10分。時間をとるのが難しい場合は、朝晩に分けて行なうのでもいいですし、できるものをひとつやるというのでもかまいません。短くても毎日続けることが大切です。

美顔ボイトレを始める前に

ビフォーを撮る

真顔

笑顔

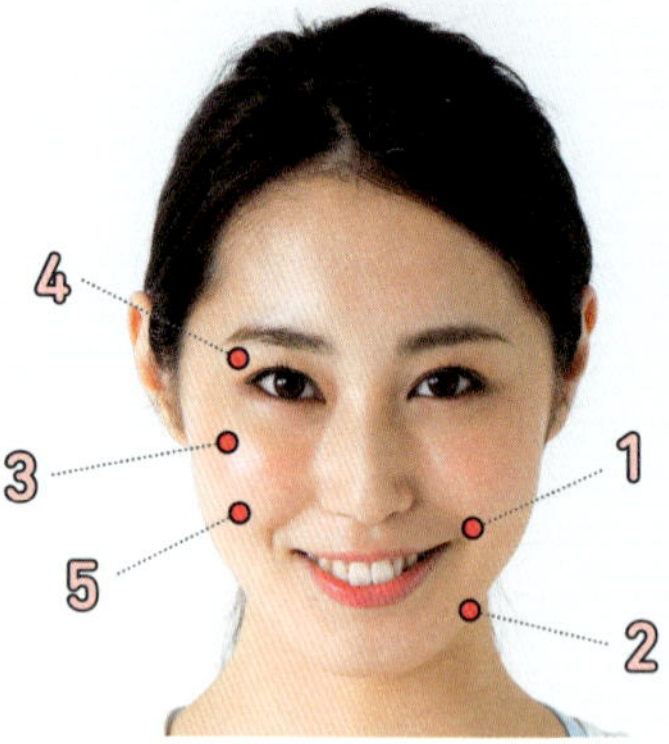

美顔ボイトレで顔の表情がどう変わるのかを確認するために、エクササイズ前の顔をチェック。自分の顔のアップの写真をスマートフォンなどで自撮りするか、誰かに撮ってもらうといいでしょう。
なるべく同じ条件になるよう、同じ場所に立ち、顔がしっかり見えるよう、髪は耳にかけます。変化が現われやすい表情は人によって違うので、真顔と笑顔の2パターンを撮っておきましょう。

用意するのは鏡

エクササイズとトレーニング中は鏡でチェックしながら進めます。どのあたりがどう動くのか、どのあたりが動きにくいのかを、目で見て確認します。

美顔ボイトレを終えたら

アフターを撮る

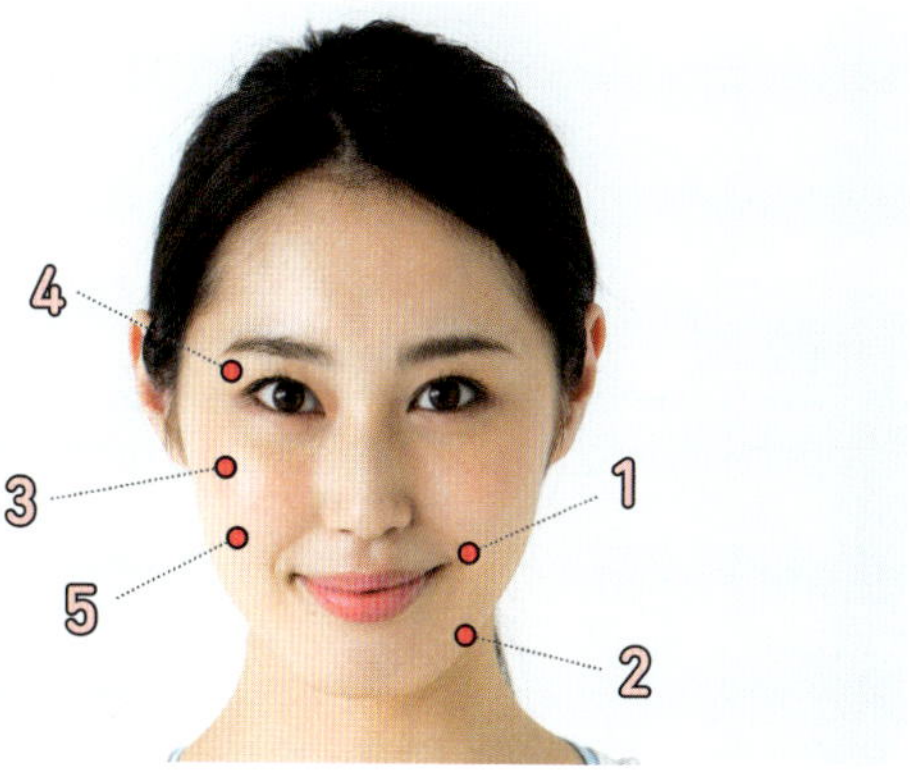

アフターも真顔と笑顔を撮ります。2枚の写真を並べられる無料アプリもあるので、ビフォーとアフターの写真を並べて、顔の変化を見比べてみてもいいですね。

ビフォーアフターのチェックポイント

1 **口角**
（上がっているか、下がっているか？
左右で上がり方は同じか？）

2 **フェイスライン**
（顎の角度は？）

3 **顔色**
（肌の明るさは？）

4 **目の大きさ**

5 **頬のふくらみ**
（頬の位置は？ 頬の高さは？）

Exercise 01
表情筋エクササイズ

01
「う」でくちびる回し

「う」の口でくちびるを前に突き出し、
縦の楕円形をキープしたまま口をぐるっと1周動かします。
口まわりの筋肉を緩めるエクササイズです。

STEP 1 「う」と口を突き出す

口を前に突き出し縦の楕円形をつくる。
歯を噛んだまま楕円をキープし、上くちびるを鼻に近づける

Point!
楕円ができないときは、いったんくちびるを内側に巻き込んでからやってみる

Point!
歯が見えるくらい突き出す

STEP 2

「う」のままくちびるを回す

形をキープして右回りで1周。
次に左回りで1周

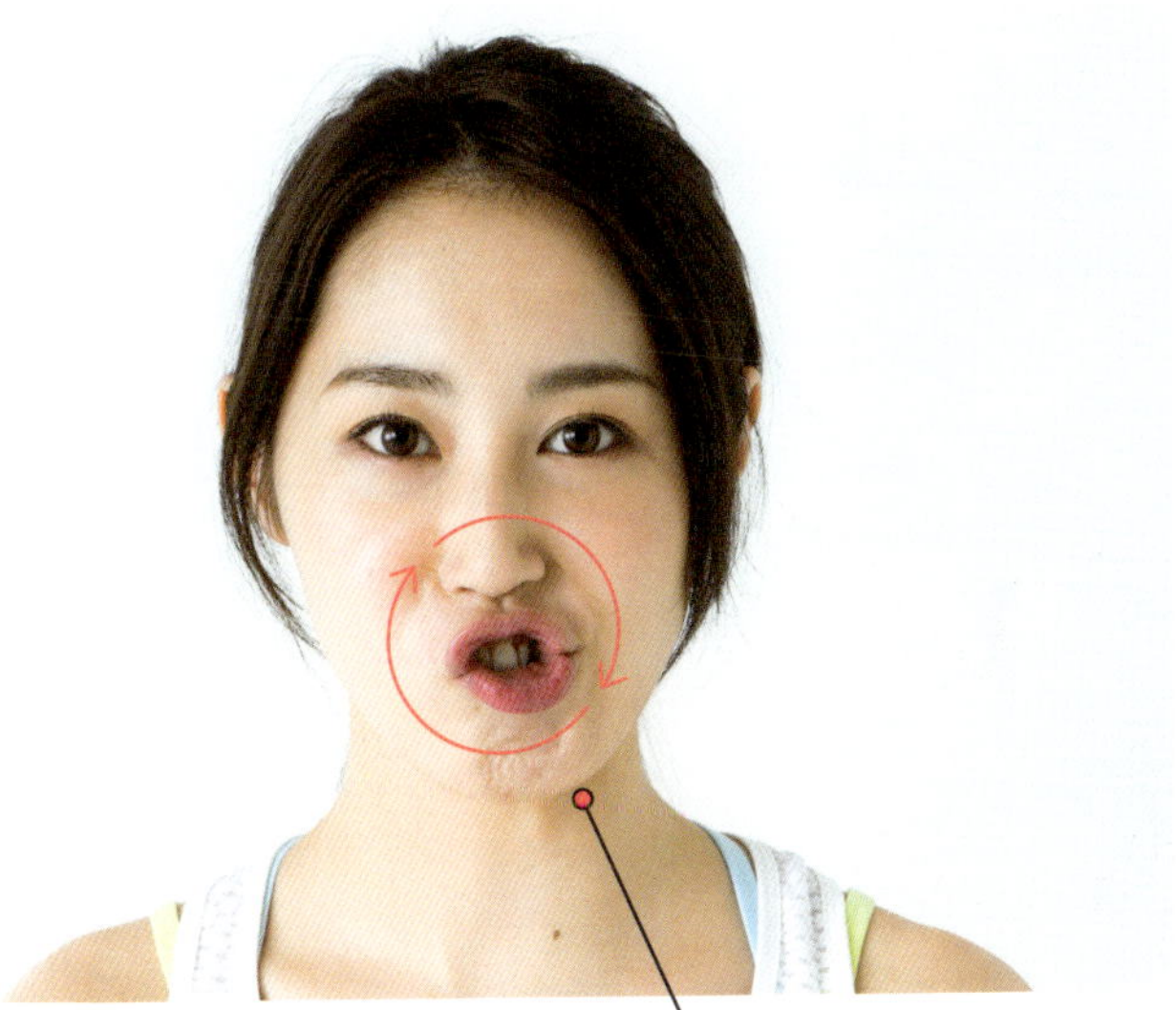

Point!

縦の楕円を死守!
歯は噛んだまま筋肉のみ動かす

NG

くちびるの楕円が
つぶれたらNG

02

「正しい笑顔」で奥歯を見せる

涙袋までの縦の筋肉が使えるようになるエクササイズです。
この筋肉が使えないと、口を引いた笑顔になりがちで、
喉をしめつけてしまいます。

STEP 1 正しい笑顔をつくる

正しい笑顔とは、涙袋からぶら下がっている口角挙筋を使った笑顔のこと。頬を涙袋まで縦に引き上げる。写真のように手を使ってもOK

Point!
できないときは縦にぐっと頬を上げる
口角挙筋
Point!
首に筋が入らないように

STEP 2

奥歯を見せる

顎が動かないように注意しながら、正しい笑顔で右下の奥歯だけ見せて5秒停止。正面に戻し、左下の奥歯だけ見せて5秒停止。正面に戻し、右上の奥歯だけ見せて5秒停止。正面に戻し、左上の奥歯だけ見せて5秒停止。できないときは手で補って

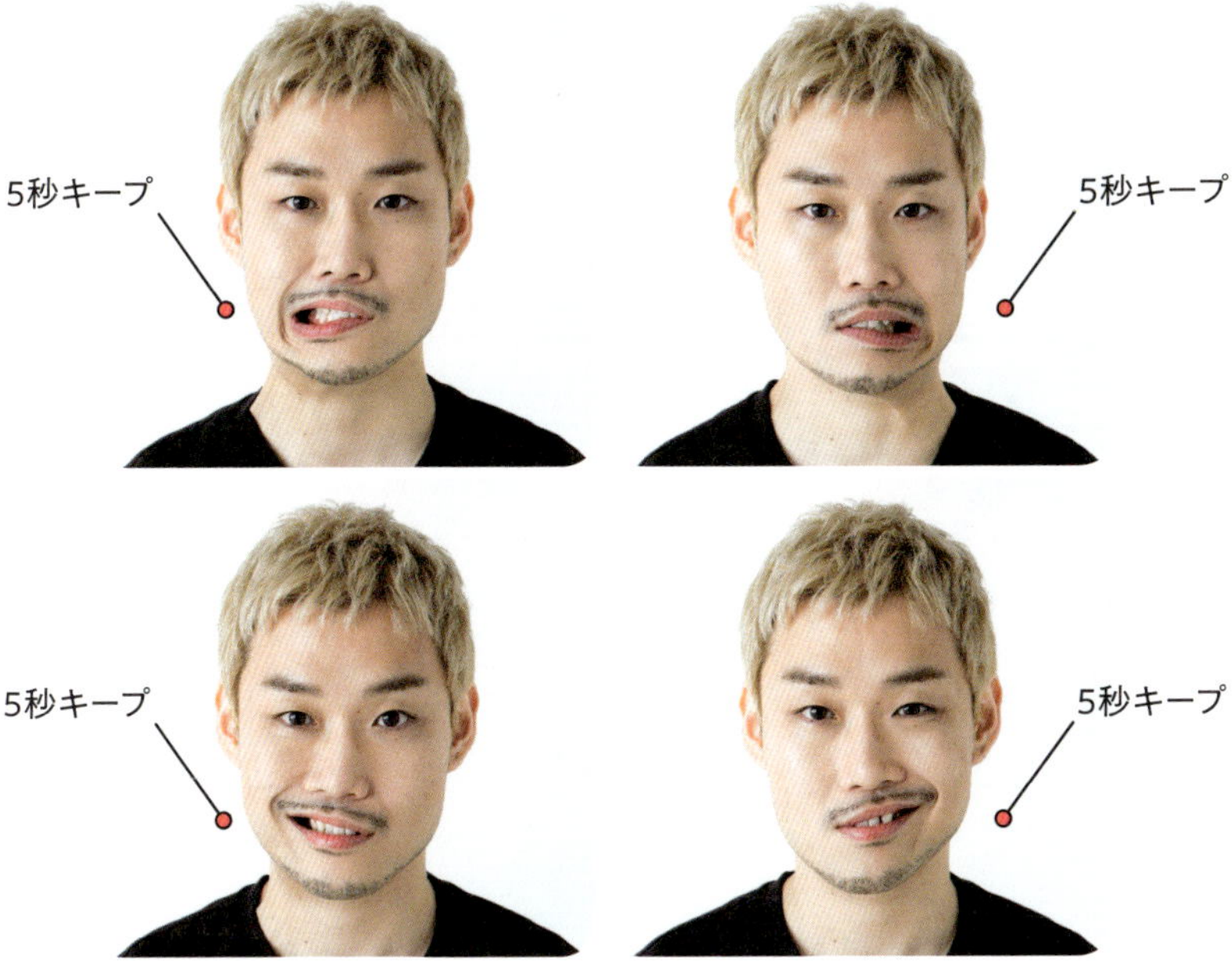

※下の奥歯を見せる際は首に筋が見えてもＯＫ

ＮＧな笑顔。
口を引いて、笑筋を使った笑顔をつくると、首に筋ができ、喉を圧迫する

Exercise 01
表情筋エクササイズ

03

眼球呼吸と眉毛上げで目力アップ

鼻腔に深く息を送り込むエクササイズです。
まぶた周辺の筋肉が動くと呼吸が変わります。
眼球呼吸で深呼吸すると、目の疲れもすっきりします。

STEP 1

眼球呼吸

目の奥にしっかり力を入れて、まぶたを上げる。
目の裏側に空気を送り込むように鼻から息を吐き、息を吸う

Point!
目の奥に空気を
ひんやり感じるように

STEP 2

片方ずつ眉毛を上げる

おでこにシワを寄せずに片方ずつ眉毛を上げる。
背中から眉毛が引っ張られているようなイメージで

Point!

**目の奥を
開いていくようなイメージで。
目の裏側で呼吸を感じる**

できないときは反対側の眉毛を指で
押さえて。思いきり目を閉じてから
やってみると上がりやすくなる

NG

おでこにシワを寄せてはダメ。
この筋肉は発声とは関係のない
表面の筋肉

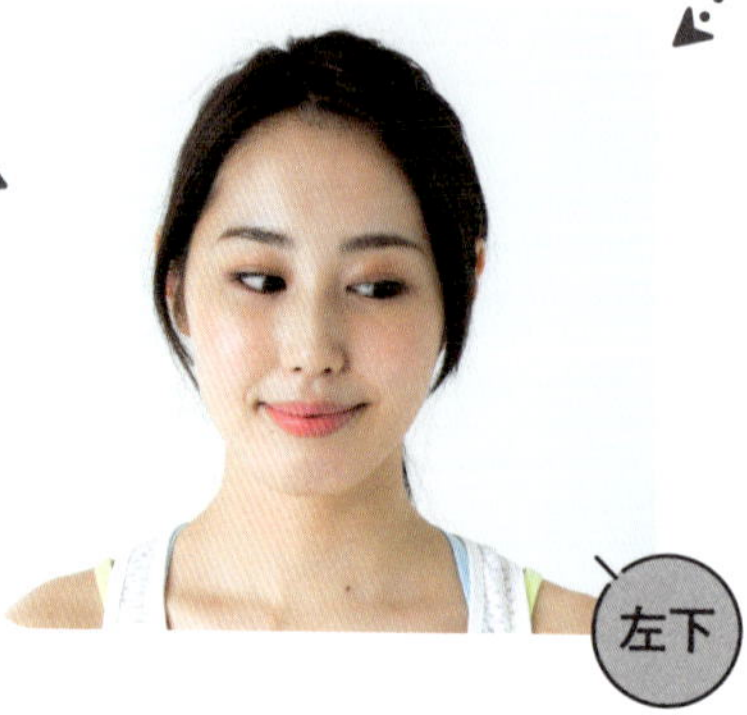

04

眼球回し

眼球のまわりの筋肉を
鍛えるエクササイズです。
目の裏の感覚を得ることで
鼻腔での呼吸を感じやすくなります。

STEP 1

上下左右斜めに動かす

眼球を上下左右斜めにそれぞれ動かす。それぞれ、いったん正面に戻してから動かす

STEP 2

ぐるりと眼球を回す

眼球を上から右回りに一回転、左回りに一回転させる

STEP 3

目を休ませる

10秒ほど目をつぶって眼球を休ませる

Point!

呼吸を止めずに、
目の付け根を感じながら動かす

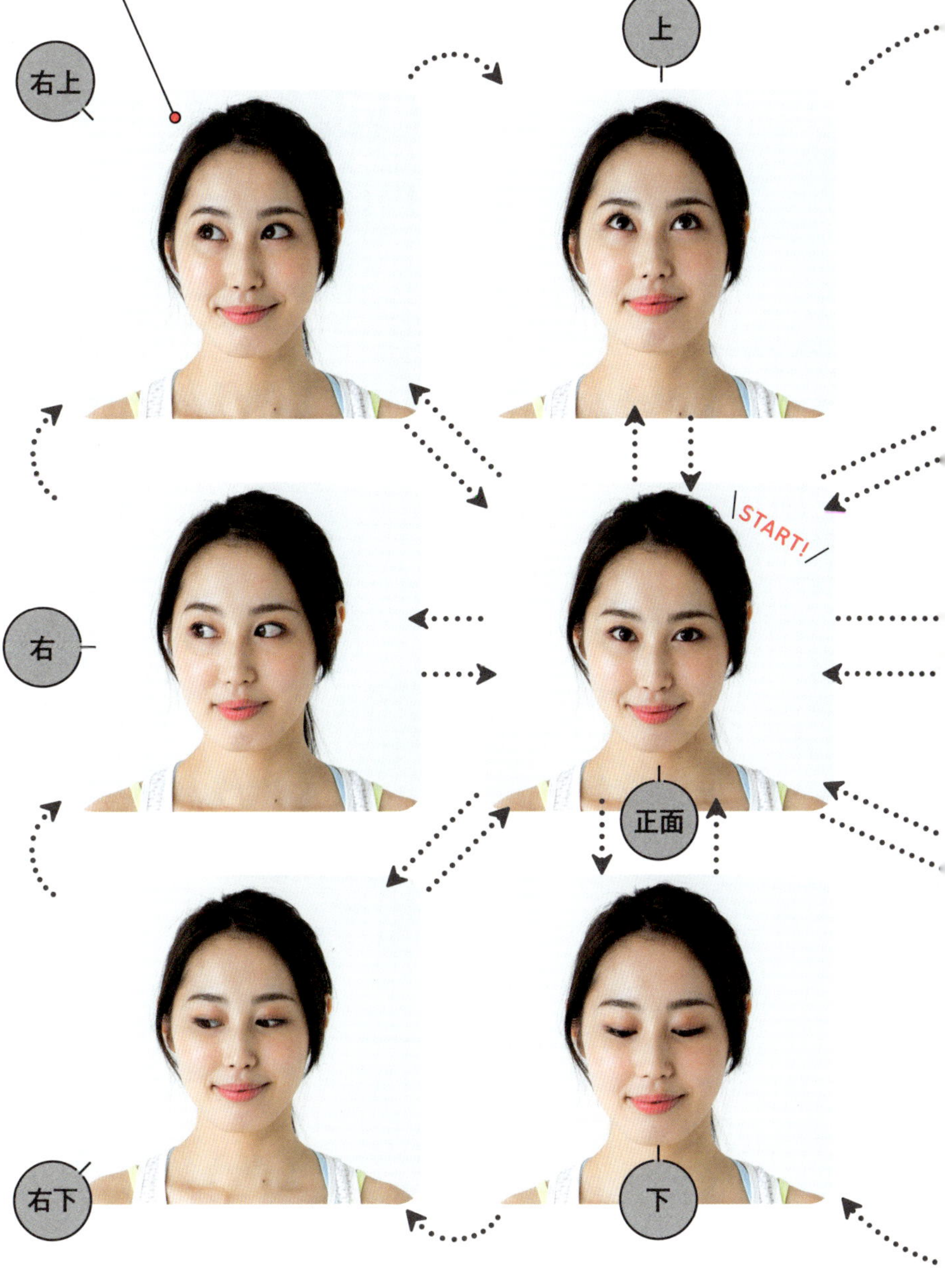

05

耳ひっぱり & 耳回し

耳下腺リンパを動かし、老廃物を流す、
アフターケアのエクササイズです。

STEP 1 耳ひっぱり

耳下腺が動くまで耳を横にひっぱり、
前と後ろにそれぞれ5回ずつ回す

5回ずつ

STEP 2
耳を前にたたんで回す

前に折りたたんで、
前と後ろにそれぞれ5回ずつ回す

STEP 3
耳を後ろにたたんで回す

後ろに折りたたんで前と後ろに
それぞれ5回ずつ回す

06

こめかみほぐし＆首回し

引き続き、アフターケアのエクササイズです。
老廃物を流していきます。

STEP 1

こめかみほぐし

手をグーにし、第二関節のところをこめかみに当てて
ぐるぐる回す

STEP 2 鎖骨から首回し

手のひらをクロスさせて鎖骨に指の腹を当て、
首を大きくゆっくり回す。反対回りで同様に回す

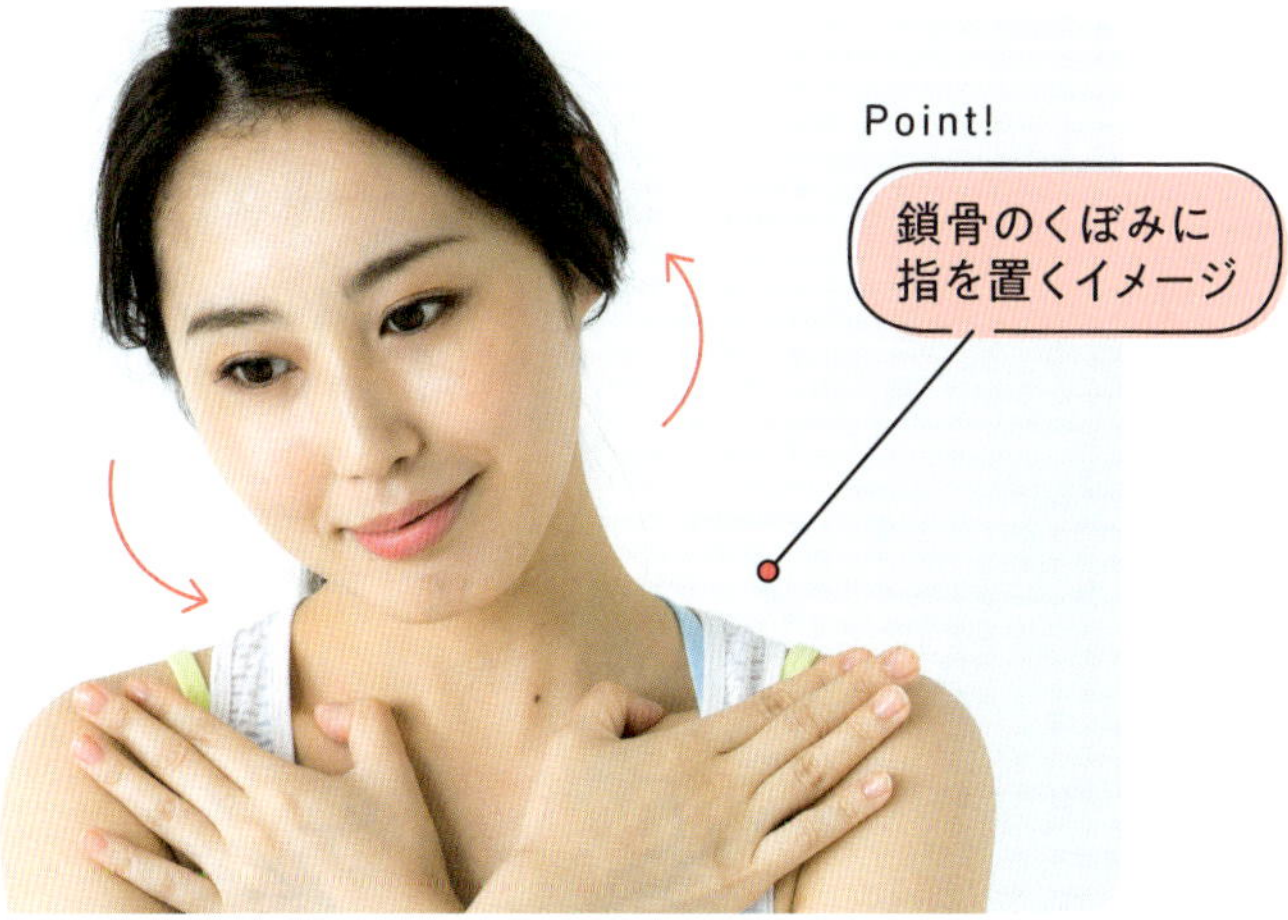
Point!
鎖骨のくぼみに
指を置くイメージ

STEP 3 頭の付け根から首回し

首の後ろに手を回し、頭の付け根に指先を当てるようにして、
首を小さく回す。反対回りで同様に回す

01

美顔発声トレーニング

顎《あご》を下げずに「アエイオウ」

ここから発声のトレーニングです。鼻から息を吸って、裏声から徐々に下げていきます。表情筋を涙袋までしっかり上げて、声を鼻腔に共鳴させる練習です。

STEP 1

「ア」を裏声から下げていく

表情筋を目元まで引き上げた状態で、顎を下げないようにして、裏声で「ア〜」と発声する。そのまま裏声をキープして、「ミ、レ、ド#、シ、ラ」と音階を下げていくようなイメージで、「ア〜、ア〜、ア〜、ア〜、ア〜」と音程を下げていく。頭の「ア〜」の音程を徐々に下げながら5回行なう

STEP 2

母音を変えて「アエイオウ」

「ア」で発声したのと同様に裏声で、「ア〜エ〜イ〜オ〜ウ〜」と母音を変えて音程を下げていく。「ア〜」の音程を徐々に下げながら5回行なう。音が下がっても、鼻腔に空気を持ち上げて入れる感じで

5回ずつ

♪ ア〜ア〜
ア〜ア〜ア〜

Point!

音を下げるのに合わせて顎を下げないこと。鼻腔に共鳴させることを忘れないで。涙袋まで表情筋を上げて、首に筋が入らないように

Point!

指で口角挙筋を上げながらやると感覚をつかみやすい

NG

×

「オ」と「ウ」は顎が下がりやすいので注意

×

顎を下げないように注意

02

美顔発声トレーニング
首に筋を出さずに「マメミモム」「ザゼジゾズ」

くちびるを使って発音する「マ行」と、歯に息を当てて発音する「ザ行」は、顎に力が入りやすいので、「ア行」より難易度の高いトレーニング。
しっかり表情筋を使って、発声しましょう。

Point!

マ行はくちびるを使って、ザ行は歯に息を当てて発音するため、顎関節を使ってしまいがち。上くちびるをしっかり引き上げ、発声するたびに毎回しっかり下くちびるとくっつけて発声

STEP 1

「マ」だけで発声

「ア〜」と同様に、表情筋を上げたまま裏声で「マ〜」と発声し、裏声をキープしながら「マ〜、マ〜、マ〜、マ〜、マ〜」と音程を下げていく。頭の「マ〜」の音程を徐々に下げながら5回行なう

STEP 2

母音を変えて「マメミモム」で発声

裏声で、「マ〜メ〜ミ〜モ〜ム〜」と母音を変えて音程を下げてく。頭の「マ〜」の音程を徐々に下げながら5回。顎を動かさずに表情筋だけで発音するのはかなり難しいけれど、できないときは手を添えてチャレンジ

STEP 3

「ザゼジゾズ」で発声

「ザゼジゾズ」は歯に息を当てて発音する。「マ行」と同様、裏声で「ザ〜ゼ〜ジ〜ゾ〜ズ〜」と母音を変えて音程を下げていく。頭の「ザ〜」の音程を徐々に下げながら5回行なう。舌を下の歯につけると顎が下がってしまうので、上の歯につけ、歯は嚙みっぱなしで笑顔をキープ。口にこもらせず目の奥に響きを感じながら。「ゾズ」が難しいけれどがんばって

舌を下の歯につけると顎が下がりやすいので注意

03

美顔発声トレーニング
スピード上げて「ウイウイウイ」

今度は少し激しいトレーニングです。別名、表情筋スクワット。
徐々にスピードを上げていきましょう。

Point!

正しい発声がわからなくなったら、ダメな発声をしてみよう。目の奥をしっかり上げて!

STEP 1

「ウ」はくちびるをしっかり突き出して。口に音を吸い寄せられてはダメ。「ウ」は目で息を吸って発声するイメージで

STEP 2

「イ」は口角挙筋を目元までしっかり上げて発音

STEP 3

「ウ」と「イ」をひとつの文字と考え「ウイ」と発音し、ドレミファソファミレドと音階を上がって下がってくるようなイメージで、最初はゆっくり「ウイ〜ウイ〜ウイ〜ウイ〜ウイ〜ウイ〜ウイ〜ウイ〜ウイ〜」と発声する。徐々にスピードを上げて「ウイウイウイウイウイウイウイウイ」と発声。速くなればなるほど、難しくなるので、がんばって

Point!
頬と口元に指を添えて表情筋の動きをチェック

\SPEED UP!!!!/
繰り返して“ウイウイウイウイ”
Point!
首に筋が入らないように
5~10セット

04

美顔滑舌トレーニング
舌の力を鍛えてきれい

舌の力を鍛えるトレーニングです。舌は声帯に
そのまま繋がっているので、舌の力が弱くなると
声帯も弱くなってしまいます。しっかり鍛えておくことが大切。

STEP 1

口の中を舌でぐるり

口を閉じたまま、舌を歯とくちびるの間に入れ、くちびるの裏側に舌を思い切り押し当てて、ぐるっとゆっくり1周回す。これを5回繰り返す。同様に反対回りで5回

Point!
口の中の皮膚を押し伸ばすようなイメージで
5回ずつ

STEP 2

「カタサ」は固く！滑舌練習

日本人の滑舌の悪い人は、ほとんどがカ行とタ行とサ行の3つの行の発音がよくない。カ行とタ行は破裂音が、サ行が摩擦音が入っているのが特徴なので、息を当てるように発音すると、滑舌がよく聞こえる。歌を歌うときも、破裂音と摩擦音をしっかり出すと、メリハリがついてよりきれいに聞こえる

マ行（ma、mi、mu、me、mo）

マ行はくちびるを閉じないと発音できないので、下くちびるを動かさず、上くちびるだけ動かして発音。

ラ行（ra、ri、ru、re、ro）

舌を上顎に当てて発音。

ハ行（ha、hi、fu、he、ho）

ハ行は息オンリーなのでどこでも発音できるが、鼻腔共鳴をするには鼻息で発音するのがベスト。鼻に抜けるような感じで発音。

ヤ行（ya、yu、ye、yo）

ヤ行は半母音。「イ」に「ア」の音がついて「ヤ」、「イ」に「ウ」の音がついて「ユ」、「イ」に「オ」の音がついて「ヨ」になる。頭の「イ」を鼻に抜けるようにして発音すると鼻腔共鳴になる。

ワ行（wa、wi、wu、we、wo）

ワ行も半母音。「ウ」に「ア」の音がついて「ワ」、「ウ」に「オ」の音がついて「ヲ」。鼻腔を感じながら頭の「ウ」の音を発音すると鼻腔共鳴に。

カ行（ka、ki、ku、ke、ko）

息を上顎に当てるようにして、「カ」「キ」「ク」「ケ」「コ」と発音。

Point! 息を喉に当てないようにする。正しく発声できていると自然に腹式呼吸になっている。

タ行（ta、chi、tsu、te、to）

「タ」「テ」「ト」は舌の先に息を当てるように。「チ」「ツ」は、サ行と同じように（サ行より強めに）上の歯に息を当てるように発音。

Point! 舌の先だけ動かし、顎を下げないようにする。

サ行（sa、shi、su、se、so）

軽く噛むようにして歯を閉じ、舌を下ろして、上の歯に息を当てるように「ス、ス、ス、ス、ス」と発音。「ス」の発音に、母音をつけて、「サ」「シ」「ス」「セ」「ソ」。

Point! 舌を上の歯の裏に当てない。上の歯に息を当てるときは、一点に当てるような感じで。

ナ行（na、ni、nu、ne、no）

ナ行はローマ字で表わすとすべての音の頭に「n」がついている。頭の「n」を意識し「ン」の音に引っ張ってもらうように発音すると、鼻腔共鳴しやすくなる。

05

美顔ブレストレーニング
腹式呼吸トレーニング

間違った腹式呼吸をする方が多いようです。口角挙筋は筋膜で横隔膜と繋がっているため、口角挙筋がしっかり使えれば、自動的に腹式呼吸になります。ここで、正しい腹式呼吸の感覚を身につけましょう。

腹筋には腹直筋と腹斜筋の2種類がある。腹直筋に力を入れると硬くなるので、腹直筋を使って呼吸をするのはNG。腹斜筋の下のほうに力を入れ、吸った空気を骨盤の中に流し込むような感じで呼吸。息を吸ったときにお腹がふくらんでしまうのはNG。お腹をふくらまさずに、骨盤の中に内臓を押し込んでいくようなイメージで息を吸う

Point!

座っていても自然にお尻が
浮くような感じになるのが、
正しい腹式呼吸

腹式呼吸を体感する方法

お腹（みぞおちのあたり）に手を当てて、正しい笑顔をしてみると、お腹に力が入るのがわかる。上の歯よりもさらに上に息を吹きかけると、骨盤の中に息が蓄えられていくような感じがするので、これで8拍数える。息を上の歯よりもさらに上に吹きかけるようにして意識的に呼吸を繰り返すと、腹式呼吸のトレーニングに。発声する際も、息を上に吹きかけるようにすると腹式呼吸になる

06

美顔ブレストレーニング
リップロール

腹式呼吸ができているかをチェックするのに役立つエクササイズです。
口を結んで息を吹いて上下のくちびるをブルブルと震わせます。
これは腹式呼吸でないとできない動き。
このリップロールができない人は表情筋も衰えています。

STEP 1
くちびるをブルブル

口を結んでブルブルブルと震わせる。
上向きにやるとうまくいく

Point!
できないときは口角挙筋を持ち上げるとうまくいく
ブルブルブル

STEP 2

リップロールで歌う

リップロールで「上を向いて歩こう」を歌ってみよう。
リップロールが止まった瞬間、喉を使った発声になっている

Point!

できないときは指で口角挙筋を持ち上げて。8秒カウント

下くちびるに向かって息を吹くようにするとやりにくいので注意

Chapter 4

美顔ボイトレ物語

医療機関では治らなかった発声障害が60分で回復

声のプロや声のプロを目指す人が通うもの、と思われがちなボイストレーニング。その間口を一般の方にも広げたいと「美顔ボイトレ」とネーミングしてから数年が経ちました。

この間、僕のところには「顔のたるみを解消したい」「声に自信を持ちたい」といった美顔・美声を目的にした女性はもちろん、上司から「お前の声は聞き取りにくいからボイトレしろ」と言われたという営業マンや、普段ＰＣ相手に仕事をしているのに急にプレゼンをすることになったので「人前でちゃんと話せるように発声を学びたい」というエンジニアの方など、いろいろな方がいらっしゃっています。

声そのものを商売道具としていなくても、声の悩みを抱えている人は想像以上に多いんだな、と気づかされました。と同時に、そうしたみなさんのお悩み事に一緒に向き合い、お悩み事を解決するお手伝いをする中で、鳥山式美顔ボイトレの持つポテンシャルを実感してきました。

新潟からレッスンに来てくださったある女性の例をご紹介しましょう。

彼女は心因性発声障害と診断されたということで、レッスン前に話をしたときは、声帯ポリープを疑うようなガスガスの声で、発声するのもつらそうな様子でした。

新潟県内で大学病院をはじめ数々の耳鼻咽喉科をまわったものの、どの病院の内視鏡検査でも、毎回、声帯も咽頭も気管も異常なしと言われ、なぜ発声が困難なのか原因はわからずじまい。最終的に、発声リハビリテーション病院を紹介されたとのこと。

3カ月間あれこれやってみたけれど治る兆《きざ》しが感じられなかったので、一念発起し僕のレッスンを受けるために新幹線に乗って新潟からはるばる東京までやってきたのです。

思うように声が出せないというのは、自分自身を失うようにつらい出来事。

僕は彼女の心の痛みが十分わかるので、力になれるよう一生懸命レッスンをしました。といっても何か特別なことをしたわけではありません。いつもどおりのレッスンでした。

そして、レッスン中に、なんと彼女は普通に声を出せるようになったのです。

その間、わずか60分でした。

僕は、信じられない気持ちになりました。

鳥山式美顔ボイトレの効力についてではありません。声帯・咽頭・気管に問題がないのであれば、声が出ない原因は神経系の誤作動によるものと考えられます。鳥山式美顔ボイトレであれば、神経系に直接アプローチしその誤作動を解消できると確信していたので、彼女の声が戻ったことに対して、特に驚きはありませんでした。

僕が信じられないと思ったのは、彼女が藁《わら》にもすがる気持ちで通院した医療機関のことです。喉まわりのことについて専門的に学んだはずの医療のプロが、なぜ彼女を治せなかったのかと……。怒りすら込み上げてきました。

一方、そんな僕の気持ちなどつゆ知らず、自分の声を取り戻したその女性は、たくさんの涙を流し、声が出ることの喜びをかみしめていました。

このように、僕の元には医療機関に匙《さじ》を投げられたような方々もたくさんやってきます。外科手術が必要なものを除き、軽度の声帯結節や咽頭炎なら一撃で治せますし、心因性の発声障害も、発声のコツを教えることで短時間で治す自信があります。

売れっ子のボーカリストが機能性発声障害で活動休止している、といったニュースをよく聞きますが、発声障害を回復させるには、休養ではなく、むしろ発声訓練を積極的に行なうべきだと思います。

発声は毎日ごく自然に行なうもの。声のトラブルが生じるのは発声法が間違っているからなので、休養して改善したところで発声法が変わらなければ、同じことを繰り返すだけなのです。

喉の不調の9割は痰のせい

ボイストレーニング、ゴスペル指導、美顔ボイトレなど、僕はこれまでに1万人もの方々に声の指導をしてきました。指導する人数が多ければ多いほど、いろいろな人にお会いするし、いろいろなケースにぶつかることになるわけですが、そんな中で「もったいない！」「不毛だわ！」と感じることがあります。

それは「声がかすれる」「喉がガラガラする」といった、発声にまつわる不調を理由にレッスンをお休みすることです。

レッスンで声を出したらますます声がガスガスになるし、喉を痛めてしまう、と思うんでしょうね。

でも、ほとんどの場合、それは誤った判断と言っていいでしょう。

喉が不調だからお休みするのではなく、喉が不調だからこそレッスンに来るべき、と僕は断言したいです。もちろん痛みがある場合は別ですが、痛みさえなければ、正しい発声をすることが一番です。

なぜなら、多くの人が感じている喉の不調の9割は「痰《たん》が絡んでいる」ことが原因だからです。

ガスガスの声は痰の音だし、その痰の音に脳が惑わされて、本来使わなくていい喉まわりの筋肉を過剰に使って発声するから、喉が痛くなるのです。

痰なんて、ボイストレーニングをすれば吹き飛ばせます。コツさえつかめば、しゃべるだけでも取り除くことができます。鼻炎のように感じても、鼻腔に刺激を与えれば、そこに停滞している痰を取り除くことができます。

100％とは言いませんが、90％は「痰」が原因なのです。

喉はデリケートなのでちょっとしたことで調子が悪くなりますが、調子が悪くなってもほとんどの場合、レッスンを休む必要は全くないし、耳鼻科に行く必要もないのです。

耳鼻科に行けば必ず内視鏡で検査をされて、異常がなかった場合は大抵「上咽頭炎」と診断され、通院するはめになります。実際、僕はそんな人を何人も見てきました。

特に異常がないのに、喉に違和感を感じたり、喉の不調を感じるのは、発声方法になにかしら問題があるからです。

そういう方は、ぜひこの本で正しい発声をしっかり身につけていただきたいと思います。もちろんレッスンに来ていただけば、その日のうちに不調を改善いたします。声の出し方を変えれば、痰が絡んでいても吹き飛ばせるし、痰自体が絡みにくくなっていくのです。

正しい発声を知る以前の僕は、のど飴を毎日なめ、飲み物にも龍角散《りゅうかくさん》を溶いて入れるというように、喉のケアに必死でした。のど飴は、常に手元にないと不安で、毎日2袋は携帯していたほどです。今振り返ると、のど飴依存症ですよね。

自分は喉が弱いと思っていたし、実際にポリープもやっているので、そこまで徹底して喉に気を使っていたわけです。

でも、今は、喉のケアはほとんどしていません。以前より声を出していますが、のど飴も龍角散も必要ありません。朝までお酒を飲んでいても、そのままボイトレのレッスンができるし、こうして声の仕事をしていても一生ポリープにならないという自信があります。

もちろん朝起きたときに喉がガラガラしていることはあるけれど、一度声を出せば喉に絡まっていた痰が吹き飛ばされて、すぐに解消されます。

病気になりにくい体をつくる

病気になってから治すのではなく、病気になりにくい体をつくるという、予防医学という考え方があります。

健康を維持するために、ランニングをする人やジムに通って筋トレをしたりヨガをする人、毎日の食事に気をつけたり、サプリメントを飲んだりする人は、とても多いですよね。

これだけ健康志向が高まっているのですから、ぜひ喉や声帯に関しても同じように意識を向けてもらいたいと思います。

たとえば歌手やアナウンサー、学校の先生、カラオケが好きな人など、仕事や趣味で声をよく出している方の中には、声帯ポリープや声帯結節といった声帯の病気に悩んでいる方が少なくありません。

これらの病気は耳鼻科を受診し、薬を飲んだり、手術をすることで治ります。でも、一時的に治っても、再発する場合がとても多いというのが事実です。なぜ再発するかといえば、薬や手術は対症療法に過ぎず、ポリープや結節になる大元《おおもと》の原因がなくなったわけではないからです。

声帯ポリープや声帯結節の原因は、喫煙や風邪による喉の炎症だけではありません。発声方法もまた大きな原因のひとつなのです。

人は生きている限り声を出し、話をします。薬や手術によって一時的に治っても、発声方法が悪ければ、声を出すことで声帯に負荷を与え、また同じ病気を繰り返してしまうのです。

鳥山式美顔ボイトレを実践し、発声の仕方が変われば、声帯への負担は激減します。つまり、声帯ポリープや声帯結節の予防や根治に繋がるのです。

繰り返しお伝えしているように、変わるのは発声方法だけではありません。呼吸法も鼻呼吸に変わるので、慢性的な鼻炎や睡眠時無呼吸症候群の改善にも繋がります。顎関節を動かす代わりに表情筋を使って発声するので、顎関節への負担も減り、顎関節症の予防になります。

このように、鳥山式美顔ボイトレは予防医学的な側面も持っているのです。

ナチュラルであろうとフェイクであろうと、幸せを呼ぶ力

ドイツのマンハイム大学の研究実験でフェイクスマイルによってストレスホルモンが軽減されるということが明らかになりました。

ストロー状のものを使い、グループごとに顔の特定の場所を固定し、漫画を読むという実験を行なったところ、強制的に笑顔に固定された状態で漫画を読んだグループが、もっともその漫画を面白く感じたというのです。

Chapter1でもお話ししたように、脳は体の動きにごまかされるものであり、体の動き次第で脳の行動も変えることができるのです。

生きていればつらいことは多々あります。笑顔になりたくてもなれないときももちろんあります。

そんなときは、笑顔になろうともがき苦しむのではなく、口角挙筋を引き上げて、オスカー女優さながらの笑顔をつくってみてください。

鳥山式美顔ボイトレで表情筋の使い方を知ったあなたなら、正しいフェイクスマイルがきっとできるはずです。

たとえフェイクであっても、スマイルの動きに脳が触発され「楽しい」と認識すれば、心の緊張がほぐれ、それによってフェイクだったはずのスマイルが自然なスマイルに変わっていきます。ナチュラルであろうとフェイクであろうと、笑顔は人生を明るい方向に導いてくれます。

あなたの笑顔に溢れた毎日を願って。

Keep smiling!

おわりに

最後までお読みいただき、ありがとうございました。

僕がボイストレーナーの仕事を始めたのは今から10年前のこと。

専門学校で歌の勉強をしていた僕にとって、ボイストレーナーの仕事は、無料でボイストレーニングが受けられ、しかもお金もいただけるという実益を兼ねた一挙両得の仕事でした。

専門学校を卒業し、プロの歌手として活動するようになってからも、僕はボイストレーナーを続けました。でも、あくまで歌手という本業を支える副業としての位置付けでした。

歌手としては、これまでに7枚のシングルを出し、オリコンで18位に入ったり、タワーレコードやHMVのランキングで2位になった曲もありますし、iTunes

のランキングではほとんどの曲がトップ10に、そして先日発売したシングルでは念願のランキング1位になりました。

応援してくれるファンの方々に恵まれて、ライブやインストアツアー、イベントなど、精力的に活動してきました。いい10年間だったと思います。


一方、副業で始めたボイストレーナーの仕事に、僕は次第にやりがいを感じるようになり、自分にしかない能力にも気づくことになります。

発声法が変わって声がきれいになった人、表情が変わって明るくなった人、声の悩みが改善され涙を流して喜ぶ人……そうした姿をダイレクトに見ることは純粋にうれしいし、うれしさはそのままやりがいに繋がりました。

また、いろいろな人のボイストレーニングを行なう中で、〝声〟に対する自分の感受性が際立って強いことを認識しました。声は目には見えませんが、僕はなぜか目の前にいる人の声の動きや流れを手に取るように感じることができるのです。

今にして思えば、鳥山式美顔ボイトレのノウハウも、この特別な感受性があったからこそ、確立できたのだと思います。

さらに、これまでボイストレーナーとして1万人もの方々のトレーニングをする中で、世の中には声の悩みを持っている方、声の問題を抱えている方が想像以上に多くいることを実感し、同時にそうした声の悩みや問題に対する受け皿となるものがほとんどないということも知りました。

そして現在、僕の心の中でむくむくと大きくなったものがあります。

それは、ボイストレーナーとしての使命感です。

ボイストレーナーとして一人でも多くの人を元気にし、一人でも多くの人を救いたい、と今まで以上に強く思うようになったのです。

これまで歌手とボイストレーナー、二足のわらじで活動してきましたが、歌手活動は無期限で休止し、この秋から『声の専門家』に専念することにしました。

人生は一度きり。そして時間は限られています。

この人生で、僕の力をより多くの人のために使うために、声の仕事に集中する。

そう決めました。

声について、表情筋について、脳と神経の働きについて、勉強し研究することは山ほどあります。僕は今後、この本でご紹介したことをベースにし鳥山式美顔ボイトレをさらにバージョンアップさせ、ボイストレーナーとしてのスキルを一層磨いていきます。


そして、最後にひとこと。

この本を読んで実際のレッスンにも興味を持っていただけましたら、ぜひレッスンに参加し、みんなで一緒に声を出す、その気持ちよさを体験してみてください。

お互いに刺激しあい、感化されて、一人では成し得ないことができます。レッスンが始まる前と終わった後では、会場の雰囲気がガラッと変わります。それはきっと、そこに集まった人たちみんなで何かを作り上げていくからなんでしょうね。

終わった後のみなさんの生き生きとした表情はとても素敵で、僕はそれを見ていつも元気をもらっているし、参加されたみなさんもきっと同じように感じているはずです。

家では遠慮がちに出していた声も、スタジオでは思い切り出せるし、この本で身につけたエクササイズやトレーニングを確認することもできます。「う」のエクササイズも、変な顔だけど、みんなでやると楽しいですよ。

さあ、眠っている顔の神経を叩き起こして、表情筋&発声の改善を始めましょう。そして、あなた本来の、しなやかさと、明るさを取り戻しましょう。

この本が、あなたの人生を明るくし、そしてポジティブループへの一助となれば、著者としてうれしく思います。

2018年10月

鳥山真翔《とりやままなと》

Profile

鳥山真翔（とりやま・まなと）

ボイストレーナー。美顔ボイストレーナー。ボイスセラピスト。株式会社スイッチオブボイス代表取締役。
東京都出身。多くの著名人の声を変えてきた、発声のエキスパート。幼少期より、子役として数々のドラマや映画等に出演。その後、ゴスペルシンガー、ディレクターとしてプロ活動を行なう。現在はボイストレーナーとして、数々のテレビ番組、レコード会社、専門学校等で発声を指導。有名アイドルへの指導経験も多い。同時に、2010年に立ち上げた「Switch Of Voice」では、一般の方へのボイストレーニングも行なう。その数は1万人以上。整体師としてのキャリアもあり、筋肉や骨の構造の深い知識と、経験を活かした、アカデミックで分かりやすい指導に定評がある。独自で生み出した表情筋と発声の深い関係を説く「美顔ボイトレ」が好評を呼び、メディア出演や、雑誌、webへの執筆連載活動、企業研修も行なっている。

オフィシャルサイト
http://www.toriyamamanato.com/
オフィシャルツイッター
https://twitter.com/Switchofvoice

美顔《びがん》ボイトレ
声《こえ》を出すたびに美《うつく》しくなる

平成30年11月10日　初版第1刷発行
令和 3年 4月10日　　第2刷発行

著者　鳥山真翔《とりやままなと》
発行者　辻 浩明
発行所　祥伝社
〒101-8701
東京都千代田区神田神保町3-3
☎03（3265）2081（販売部）
☎03（3265）1084（編集部）
☎03（3265）3622（業務部）
印刷　図書印刷
製本　図書印刷

ISBN978-4-396-61671-7　C0036

祥伝社のホームページ www.shodensha.co.jp